셰프처럼 요리하기 03

현 정 셰프의

클린이팅

셰프처럼 요리하기 03

현 정 셰프의

클린이팅

레시피 현 정 | **글** 박 영 식

BR미디어

저자의 말

내 주제에 책이라니. 참 황당한 일이 아닐 수 없다. 가방끈이 그렇게 길지도 않고, 그렇다고 어마어마한 성공을 한 것도 아니다. 다만 내가 하고 있는 이 외식업을 너무 좋아해 물불 안 가리고 뛰어드는 성격에 그나마 내가 운영하는 레스토랑들이 조금의 관심을 받고 있는 것뿐인데 이런 기회가 왔다니 황송할 뿐이다.

다행히 남들보다 다양한 업종의 레스토랑을 운영한다는 이유로 새로운 아이템을 더 열심히 찾으려 노력한 덕에 건강식 분야에까지 도달하게 되었고, 그로 인해 국내 최초의 '클린 이팅' 전문점인 썬더버드를 론칭하게 되었다. 건강을 테마로 한 레스토랑, 혹은 메뉴를 선보여야 한다는 생각은 외식업을 운영하는 사람이라면 한 번쯤은 해봤을 것이다. 물론 나 역시 그런 막연한 생각으로 시작해 관심이 더욱 커지고 있던 중에 여러 가지 이유로 다이어트를 해야 했던 시기가 있었다. 그 경험이 나름의 자산으로 축적되어 건강과 영양을 철저히 고려한 레스토랑을 탄생시킨 것이다.

얼마 전까지만 해도 운동은 고사하고 몸에 해로운 것만 찾아 먹었던 나다. 물론 지금도 덜 건강한 음식이 입에 더 달다는 사실을 부정하지는 않지만, 운동에 취미를 붙이고 또 내 몸에 더 관심을 가진 이후로는 그래도 밸런스 있는 식사를 하려 노력한다. 거기다 스스로 건강한 음식을 조금 더 맛있게 만들어 먹는 법까지 배웠으니 이것은 나만 알고 있기에는 너무 아까운 정보가 아닐 수 없다.

그래서 〈블루리본서베이〉 편집장님께서 클린 이팅에 관한 책을 제안했을 때 너무 감사한 마음에 덥석 받아들였고, 나와 10년 이상 함께해온, 내 사업에 있어 가장 소중한 파트너 현 정 셰프와 공동집필을 하기로 하였다. 서로 잘 알고 있는 분야를 나눠 현 정 셰프는 클린 이팅 레시피를, 나는 내가 배운 클린 이팅에 관한 정보와 상식을 공유하기로 한 것이다.

이 책은 독자가 쉽게 이해할 수 있도록 클린 이팅의 개념을 설명할 뿐만 아니라 내가 운영하는 레스토랑 썬더버드의 거의 모든 메뉴와 레시피가 포함되어 있다. 사업을 하면서 처음에는 부모님의 혜택을, 그 후로는 고객들과 함께 하는 직원들의 혜택을 아주 많이 받고 살아왔다. 그리 많은 나이는 아니지만, 그간 나와 내 회사를 사랑해준 감사한 분들께 조금이나마 보답을 하고자 회사의 영업기밀이라 할 수 있는 레시피까지 공개해본다.

음식과 약의 원천은 하나라는 '약식동원'의 의미가 어쩌면 이 책에서 다루는 클린 이팅의 뜻과 일맥상통 하지 않나 싶다. 아무쪼록 독자분들의 클린 이팅을 응원하며 이를 통해 올바른 식습관이 우리 실생활 속에 자리 잡았으면 하는 작은 바람도 꿈꿔본다.

2018년 10월
박 영 식

현 정 셰프가 제안하는
이 책 활용법

책을 처음 마주한 독자 여러분을 위해 이 책의 구성과 활용법을 소개합니다. 책은 크게 세 개의 장으로 나뉩니다. 박영식 대표의 실제 체험과 경험이 녹아든 클린 이팅 라이프를 담은 챕터 1과 현 정 셰프의 클린 이팅 메뉴 레시피를 담은 챕터 2, 그리고 요리에 감칠맛을 더하는 드레싱과 소스 레시피를 담은 부록이 있습니다.

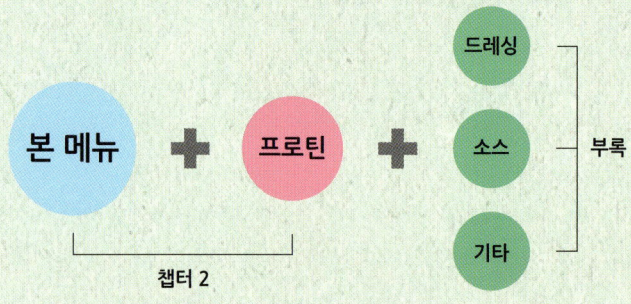

이 책을 활용하는 방법은 간단합니다. 1. 챕터 2에서 본인이 원하는 음식을 고릅니다. 2. 미리 만들어놓아야 하는 재료를 준비합니다. 음식에 맛을 더하는 소스와 드레싱, 단백질 보충을 위한 육류, 해산물 등의 프로틴, 그리고 사이드로 곁들이기 좋은 기타 메뉴 등이 여기에 해당합니다. 3. 1번에서 고른 음식 레시피를 보고 재료 손질을 한 후 2번에서 미리 만들어둔 재료를 조합하기만 하면 나만의 클린 이팅 메뉴가 뚝딱 완성됩니다.

챕터 2의 메인 메뉴에 가장 어울리는 소스와 드레싱, 프로틴, 기타 메뉴 등을 정해 놓았지만, 취향에 따라 원하는 드레싱과 프로틴, 기타 메뉴 등을 골라 조합해도 좋습니다. 나만의 맞춤 클린 이팅 식단을 짤 수 있다는 장점이 있지요.

	본 메뉴		드레싱		프로틴		요리 완성
월	타이 곤약 누들 샐러드 141 kcal	✚	오리엔탈 피넛 드레싱 196 kcal	✚	비스크 슈림프 59 kcal	=	50p + 181p + 152p 396 kcal
화	비건 시저 샐러드 155 kcal	✚	비건 시저 드레싱 92 kcal	✚	소이 닭가슴살 125 kcal	=	52p + 180p + 151p 372 kcal
수	비트와 토마토 샐러드 121 kcal	✚	레몬 드레싱 131 kcal	✚	구운 다시마 숙성 연어 99 kcal	=	54p + 183p + 150p 351 kcal
목	수퍼푸드 샐러드 165 kcal	✚	애플 사이더 드레싱 219 kcal	✚	다시마 숙성 연어 99 kcal	=	48p + 182p + 150p 483 kcal
금	타이 곤약 누들 샐러드 141 kcal	✚	오리엔탈 피넛 드레싱 196 kcal	✚	뉴욕스트립 소이 마리네이드 96 kcal	=	50p + 181p + 156p 433 kcal
토	멕시칸 콥 샐러드 312 kcal	✚	흑식초 럽 드레싱 146 kcal	✚	타코비프 99 kcal	=	56p + 184p + 196p 557 kcal
일	비건 시저 샐러드 155 kcal	✚	비건 시저 드레싱 92 kcal	✚	팔라펠 194 kcal	=	52p + 180p + 155p 441 kcal

예

위의 일주일 치 샐러드 식단을 예로 들어보겠습니다. 챕터 2 샐러드 파트에서 원하는 샐러드를 고른 후, 해당하는 드레싱을 부록 드레싱 파트에서 찾아 만들어둡니다. 취향에 따라 부록 나와 있는 다른 드레싱을 활용해도 좋습니다. 이 책에 수록된 샐러드 레시피에는 육류, 해산물 등의 프로틴이 빠져 있으므로, 단백질을 보충하고 싶다면 프로틴 파트에서 원하는 메뉴를 골라 미리 만들어둡니다. 이제 각 요소를 조합하는 일만 남았습니다. 간단하게 만들 수 있는 샐러드에 미리 만들어둔 프로틴과 드레싱을 조합하기만 하면, 일주일 치 클린 이팅 메뉴가 금세 완성됩니다.

프로틴 메뉴는 그 자체만으로도 훌륭한 요리가 됩니다. 예를 들어 미리 만들어둔 다시마 숙성 연어와 초데리를 넣은 밥을 조합해 간단하게 초밥을 만들 수도 있고, 비스크 슈림프를 넣어 칵테일을 만들거나 커리 닭다리살을 곁들인 누들을 만들 수도 있습니다. 입맛에 따라 재료를 다양하게 조합해보는 것도 클린 이팅의 또 다른 즐거움이 될 것입니다.

목차

Chapter 1. 클린 이팅 라이프

Chapter 2. 클린 이팅 즐기기

이 책을 보는 법

❶ **요리의 이름 및 설명 :** 요리의 이름과 요리에 대한 간단한 설명입니다. 요리의 영양소 구성과 건강한 식단을 구성할 수 있는 식재료에 대한 전반적인 정보 등을 담았습니다.

❷ **난이도와 칼로리, 비건과 프렙 :** 요리의 난이도와 칼로리를 표기하였습니다. 난이도는 상·중·하, 세 단계로 구분하였습니다. 분량에 해당하는 칼로리를 표기하여 칼로리별 식단을 편리하게 구성할 수 있습니다. 비건 메뉴 여부와 프렙이 필요한 메뉴인지도 별도로 표기하였습니다.

❸ **미리 준비해야 할 재료 :** 만드는 데 시간이 걸리는 프로틴, 기타 재료와 소스와 드레싱 등을 따로 분류해 놓았습니다. 미리 준비해야 할 재료의 레시피는 괄호 안에 적힌 페이지를 보시면 됩니다. 또한 조리재료 사진에 해당 재료를 번호로 표시해 쉽게 확인할 수 있습니다.

❹ 조리재료 및 제공량 : 레시피에 필요한 재료를 용량(g)으로 표기하였습니다. 인원수에 따라 적당히 재료의 양을 조절할 수 있습니다. 조리재료 사진은 재료 준비 시 이해를 돕기 위한 것으로, 조리재료란에 적힌 용량과는 상이할 수 있습니다. 소금과 후추의 용량은 따로 표기하지 않고 개인의 취향에 따라 간을 맞추도록 하였습니다.

❺ 조리도구 : 칼, 도마, 팬, 냄비, 체, 오븐, 푸드 슬라이서 등 필요한 조리 도구를 표기하였습니다.

❻ 조리과정 : 요리를 만드는 과정을 상세하게 담았습니다. 프로틴과 기타 재료, 드레싱, 소스 등 조리에 필요한 재료지만 조리법이 다른 페이지에 있는 경우 본문에 따로 표시하였습니다.

❼ 팁 : 셰프의 팁을 담았습니다. 특정 재료 대신 대체할 수 있는 재료, 요리의 풍미를 살리기 위해 추가하면 좋은 재료, 주의해야 할 내용 등이 적혀 있으므로 요리 전에 참고하는 것이 좋습니다.

❽ 해당 레시피를 사용한 메뉴 : 해당 프로틴, 기타, 드레싱, 소스를 활용해 만들 수 있는 메뉴를 정리하였습니다. 입맛에 따라 다양하게 활용할 수 있습니다.

Chapter 1. 클린 이팅 라이프

깨끗하게 먹자!
전 세계적으로 주목받는 건강식 트렌드

CLEAN EATING LIFE

'클린 이팅'이란 자연과 가장 가까운 상태의 식재료를
먹는 것이 기본 개념인 식문화를 말합니다.
가공식품이나 정제된 곡물, 첨가제를 멀리해
건강한 삶을 유지하는 것이 목적입니다.

내
다이어트의
시작

첫 다 이 어 트

나는 태생이 고깃집(삼원가든) 아들이라, 어려서부터 음식과 가까이 지냈다. 당연히 어른이 되면 식당을 해야 한다고 생각했기 때문에 음식에 관심이 무척 많았다. 그래서인지 나의 기억이 시작되는 순간부터 나는 뚱뚱했고, 자신의 몸에 대해 약간의 콤플렉스를 가지고 있었다. 다이어트는 중학교 3학년 겨울 방학에 시작되었는데, 거울을 볼 때마다 내 모습이 너무 부끄러워 다이어트를 결심했다. 무조건 굶으면 되겠지 하는 마음으로 매일 한 끼만 먹고 한 시간씩 달리기를 하여 한 달 만에 10kg 이상을 빼게 되었다.

두 번째 다 이 어 트

살은 뺐지만, 여전히 뚱뚱했던 나는 그 몸을 3년간 유지하다 미국으로 유학을 갔다. 유학 기간 동안 베트남 쌀국수에 깊이 빠져 매일 쌀국수와 볶음밥을 음미했고 또다시 15kg이 찌게 되는 불상사를 맞이했다. 어려서부터 하도 뚱뚱하게 살아서 그런지 몸이 무겁다든지 어디가 불편하다든지 하는 것은 없었지만, 외관상 너무 흉측해진 모습을 보고 3년 전의 기억을 더듬어 다시 다이어트에 돌입했다. 하지만 사랑하는 쌀국수는 포기할 수 없었기에 하루 한 끼 쌀국수를 먹고 무식하게 달리는 방법으로 또 불어난 살을 빼게 되었다. 지금 보면 참 무식하고 또 어찌 보면 기특하게 살을 뺀 케이스다. 그때는 인터넷도 거의 없던 시절이고 다이어트에 관한 정보가 없던 나로서는 내가 꽤 잘한 것이라 자부하고 있었다.

식탐과 업무상 끊을 수 없던 다이어트

대학에 가서도 찌고 빼고를 반복하며 여전히 푸짐한 몸매를 유지하고 있었고 그 몸은 외식업을 시작해서도 큰 변화가 없었다. 모든 외식업체의 대표들이 음식에 관심이 많겠지만, 이탈리안, 스테이크하우스, 고깃집, 파인 다이닝 등 다양한 콘셉트의 레스토랑을 운영하는 나는 아무래도 음식에 더 관심이 많을 수밖에. 더 나은 레스토랑을 만들어야 한다는 책임감을 핑계로 새로운 음식과 맛있는 음식을 찾아 국내든 해외든 시도 때도 없이 종횡무진 달렸다. 그 사이 약간 불어난 몸을 예전의 몸으로 되찾기 위해 유일하게 아는 다이어트인 무조건 굶고 무조건 뛰는 방법을 다시 택했고, 가끄스로 비슷한 몸무게를 유지했다. 이 밥밥마저도 나이가 들수록 슬슬 먹히시 않았다. 30대 중반이 되면서 몸무게는 비슷하나 체형이 괴상하게 변하는 자신을 발견하면서 극약 처방을 내리게 되었는데, 그게 바로 킥복싱이다.

운동이라는 극약처방

킥복싱은 여러 운동 중 가장 강도 높은 운동으로 잘 알려져 있다. 남자라면 왠지 한 번은 배우고 싶은 운동이라 독하게 마음먹고 당시 국내 현역 선수 중 제일 강하다는 로드FC 소속 권배용 선수를 찾아가 운동을 시작하게 되었다. 재미있기도 하고 내가 좀 멋있어 보여서 시간만 나면 체육관을 찾아가 운동을 했다. 그러다 보니 약간의 중독성이 생겨 주 5~6회 킥복싱을 하러 갔는데 문제는 여기부터다. 운동의 강도가 상당하기 때문에 몸이 고되고 시도 때도 없이 배가 고팠다. 또 운동을 열심히 하니 음식에 대한 죄책감도 없어지기 시작했다. 그때까지만 해도 '다이어트는 운동 3, 식단 7'이라는 공식을 전혀 몰랐기 때문에 열심히 운동했으니 잘 먹어도 다이어트가 될 것이라는 착각에 빠져 있었다.

2년 반 이상 킥복싱을 열심히 하면서 얻은 결과물은 '건강한 돼지'였다. 당연히 체력이 강화되었고 신체기능의 향상은 엄청났지만, 몸무게가 사상 최고치를 경신하면서 어느새 건강한 뚱보가 되어 있었다. 무엇이 문제인지 곰곰이 생각해보니, 나는 물만 먹어도 살이 찌는 체질이라는 결론을 내리며 자신을 위로하고 있었다. 킥복싱은 몸 전체를 사용하는 이상적인 유산소성 운동으로, 지금도 이보다 좋은 운동은 없다고 생각한다. 하지만 남자로 태어났으면 한번쯤은 누가 봐도 멋진 근육질의 몸을 가져봐야 하는 것 아니겠는가.

또 다른 운동에 도전

그래서 친누나의 추천을 받아 스타 트레이너로 알려진 몸짱 윤태식 트레이너에게 찾아가 내 몸을 만들어 달라고 부탁을 드렸다. 윤태식 트레이너는 톱스타인 공유, 현빈, 차승원 씨 등의 체형관리를 해주며 운동을 체계적으로 가르쳐 주는 우리나라의 대표 트레이너이다. 운이 좋게 친누나와 인연이 있어 소개를 받고 무작정 찾아갔던 것이다. 역시 그때만 해도 "이제부터 킥복싱과 웨이트 트레이닝을 병행하니 난 곧 몸짱이 될 것이야."라는 착각을 하고 있었다. 나름 운동에 소질이 있는 나는 윤태식 트레이너가 시키는 대로 훈련을 잘 해왔지만 여전히 몸무게는 그 자리에 머물

렀다. 도저히 가망이 없어지자 "선생님, 저 제발 살 좀 빼게 해주세요. 이렇게 운동량이 많은데 저는 물만 먹어도 살이 찌는 체질이라 그런지 당최 살이 빠지지 않아요."라며 구원을 요청했다.

물만 마셔도 살이 찌는 체질을 가졌다 착각한 뚱보

그러자 윤태식 트레이너는 나에게 "물만 마셔도 살이 찌는 사람은 내가 무엇을 물처럼 마셨는지 곰곰이 생각을 해 보셔야 합니다."라는 말을 내뱉었다. 그 충격적인 말을 들음과 동시에 내가 여태 먹었던 그 수많은 맛있고 살찌는 음식들이 주마등처럼 스쳐 지나갔다. 그날 밤 내가 도대체 무엇을 물처럼 마셨을까 차근차근 생각해봤다. 아침에는 한식을 꼭 먹어야 한다며 고집했던 다양한 반찬과 염도 높은 찌개류, 운동을 해야 하니 점심은 든든히 먹어야 한다며 최소한 두 개 이상 시켰던 메뉴들, 저녁은 약속 자리가 많아 술을 마셔야 하니 탄수화물만 안 먹으면 된다며 흡입했던 각종 기름진 음식과 과한 단백질, 그리고 술에 취해 귀가하며 만났던, 세상에서 제일 맛있는 치기운 편의점 햄버거와 라면 등을 물처럼 마시고 있던 것이다.

그날 밤 굳은 결심을 하고는 다음날 윤태식 트레이너를 만나 나에게 맞는 식단을 짜 달라고 부탁을 했다. 바로 몇 시간 후 카톡으로 세상 극단적인 식단을 받게 되었다.(지금 보면 그리 극단적인 식단이 아닐 수 있지만, 그 당시 왕성한 흡입력을 발휘하던 내게는 정말 극단적이었다.) 과연 내가 이 식단대로 이행할 수 있을까 걱정이 많았지만, 이제 곧 건강 식단을 전문으로 하는 레스토랑을 열어야 하는 주인이 뚱뚱할 수는 없는 노릇인지라, 이를 악물고 그에게 내 몸을 맡겨 보기로 결심했다.

식단의
중요성과
몸의 변화

충격적인 100kg 거구의 식단

오른쪽 페이지에 있는 표는 내가 처음으로 윤태식 트레이너에게 받은 식단이다. 잘 보면 알겠지만, 식사의 횟수가 참으로 여러 번이다. 이건 아주 반가운 일이었지만, 일을 하면서 매시간마다 식사를 챙기기에는 현실적으로 불가능했다. 이 식단을 토대로 나에게 맞춰 식단을 약간 수정해 식사를 시작하게 되었다. 한 달 반 정도의 코스로 약 10kg을 감량하기로 마음을 먹었다. 공개하기는 창피하지만 난 이 당시 103kg, 어떻게 보면 초고도 비만이었다. 그래도 근육량이 많은 뚱보인지라 다른 100kg대 덩치들보다는 마른 100kg이라며 위안을 하고는 했었다. 뭐 어찌 되었던 돼지는 돼지니 다이어트는 필수였고 이 식단을 최대한 잘 지키려고 노력했다.

아침에는 집에서 현미밥 150g, 닭가슴살 등 기름기가 적은 단백질 150g, 그리고 약간의 반찬으로 가볍게 식사하고, 점심에는 즉석밥을 가지고 다니며 외부에서 즉석밥과 단백질로 구성된 음식으로 아침과 같은 양을 섭취했다. 업무상 저녁 약속이 많아 술자리를 피할 수는 없었는데, 술을 꼭 마셔야 하는 날에는 집에 잠깐 들러 아침과 비슷한 식사를 하고 술자리에 참석해 안주없이 술만 마셨다. 술의 높은 칼로리 때문에 흔히 술을 마시면 살이 찐다고 하는데 꼭 그렇지만은 않은 것이, 술은 빈 칼로리이기 때문이다. 다시 말해 술의 칼로리는 높지만 체내에 축적되지 않고 배출되는 쓸모없는 열량을 가진 독특한 녀석이다. 그리하여 술이 안주와 결합하지만 않는다면 크게 살이 찌지 않는다는 것을 몸소 체험했다.

〈윤태식 트레이너에게 받은 식단〉

식사횟수	시간	내용	식사종류	기타
	06:00	기상	물 200ml 한 잔	종합 비타민 섭취
1	07:00	식사	현미밥 150g, 닭가슴살 200g, 기름 뺀 참치 한 캔, 각종 채소(브로콜리, 양배추, 파프리카) 염분 포함된 반찬류	아몬드 5알 섭취
2	10:00	식사	고구마 100g, 달걀흰자 5개, 각종 채소(염분 포함)	아몬드 5알 섭취
3	13:00	식사	현미밥 150g, 닭가슴살 200g 또는 '투뿔등심'의 안심 150g, 각종 채소(브로콜리, 양배추, 파프리카) 염분 포함된 반찬류	아몬드 5알 섭취
	15:30	운동 전	바나나 2개, 프로틴 한 잔, 체지방연소제	
	17:00	유산소 운동	1시간 열심히	운동 중 물 많이 (수분 보충)
4	18:30	운동 후 식사	고구마 150g 혹은 현미밥 150g, '오스테리아꼬또'의 닭고기 150g 또는 '투뿔등심'의 안심 150g, 각종 채소(브로콜리, 파프리카, 양배추 등)	
5	21:30	식사	달걀흰자 2개, 방울토마토 15알	
		취침	제 꿈 꾸세요~	수면 충분히

메모

◆ 닭가슴살은 소고기, 돼지고기, 연어, 참치 등 양질의 단백질로 대체할 수 있습니다.
   - 단, 지방이 없는 부위를 선택하시고 양은 닭가슴살의 양과 동일하게 드시면 됩니다.
◆ 탄수화물은 흰쌀보다는 현미, 흡수속도가 느린 복합 탄수화물을 선택하세요. (오트밀, 호밀빵, 고구마, 현미밥)
◆ 채소는 칼로리가 높지 않으니 배부르게 많이 드셔도 됩니다. (브로콜리, 양배추, 파프리카, 아스파라거스 등)
◆ 운동 전, 후로는 탄수화물이 필수입니다.
◆ 물은 의식적으로 많이 드세요.
◆ 기름진 것, 드레싱(오일), 튀김, 정크 푸드, 불량식품, 밀가루는 자제할 것

일주일 정도 이런 노력을 한 결과 살이 조금씩 빠지는 것을 느꼈지만, 매일 같은 음식을 먹는 것은 여간 괴롭고 짜증나는 일이 아니었다. 그래서 윤 트레이너에게 노하우를 물어봤더니 본인이 운영하는 '골든핏 프라이빗 짐'에서 판매 중인 다이어트 식사를 알려주었다. 그게 나를 구원한 닭가슴살 달걀찜이었다.

구 원 의   식 단 ,   달 걀 찜

달걀은 완전식품이고 노른자의 칼로리는 조금 높은 편이지만, 많이 섭취하지만 않는다면 내 다이어트를 크게 위협할 것 같지 않았다. 큰 걱정 없이 달걀찜을 만들어 먹어봤는데 계속 먹어도 질리지 않고 소화도 잘 되어 다이어트 중 보물을 건진 느낌이었다. 달걀 두 개와 물 조금, 그리고 닭가슴살 150g 정도와 간단한 반찬 또는 푸짐한 채소를 먹는 식단으로 대부분의 식사를 해결했다. 가끔 다른 맛을 느끼고 싶을 때는 달걀찜에 명란, 카레가루, 청양고추 등을 넣어 그 안에서 최대한 색다른 맛을 느끼고 즐거워하고는 했었다. 그렇게 한 달 반 동안 열심히 운동하고 이 식단을 철저히 지킨 결과 체중을 10kg 감량했다. 체성분 측정 결과 지방 13kg 감량, 근육 3kg 증가라는 좋은 결실을 얻게 되었다.

올 바 른   식 단 을   통 한   통 통 한   아 저 씨 로 의   변 화

10kg을 뺐어도 적은 몸무게는 아니기는 하지만 더 이상 순수뚱보가 아닌 근육을 포함한 통통한 아저씨로 다시 태어났다. 이런 변화를 보며 '운동 3 음식 7'이라는 공식

에는 이견이 없어졌고 특히 운동만 죽어라 했던 나에게는 더욱 확실한 증거가 되었다. 그만큼 식단은 중요하고 꾸준히 할 수 있는 식단은 더더욱 중요한 것이다. 요새는 넘쳐나는 정보로 판단력을 흐릴 수 있는 상황이 벌어지고 있다. 너도나도 전문가라 말하는 세상에서 어떤 정보가 맞는지 여간 헷갈리는 것이 아니다. 풀만 먹는다든지, 닭가슴살만 먹는다든지, 또는 염분을 아예 끊는다든지 하는 극단적인 다이어트는 백발백중 실패다. 꾸준하게 할 수 있는 자기만의 식단을 구성해서 운동과 병행하는 것이 다이어트에 성공하는 유일한 방법이라 생각한다. 나는 전문가도, 의사도, 운동선수도 아니지만, 음식점을 운영하고 음식을 사랑하는 일반인으로, 나를 실험 삼아 몸소 체험한 다이어트이니 어느 정도 신뢰를 해도 되지 않을까?

실험 대상을 통한 나름 신뢰성 있는 식단 구성의 법칙

간단히 말하면 좋은 탄수화물(현미밥, 통밀빵, 고구마 등), 단백질로 구성된 살코기(닭가슴살, 소 안심 등), 그리고 다양한 채소로 식사를 완성하는 것이 가장 이상적인 식단이라고 생각한다. 여기서 가장 중요한 단백질의 양은 성인 여성의 경우 몸무게 1kg당 0.5g의 단백질이다. 그렇다면 50kg의 여성은 약 25g의 단백질을 기본적으로 필요로 하는데, 살코기 기준 100g당 22~24g의 단백질이 함유되어 있으므로 하

루 110g 정도의 살코기를 섭취하는 것이 좋다. 운동을 열심히 하는 여성은 두 배의 양을 섭취하면 된다. 성인 남성은 1kg당 1g의 단백질을 필요로 하므로 70kg의 남성은 약 70g의 단백질이 필요하다고 책정하면 된다.

부끄럽지만 100kg이었던 나는 운동을 아주 열심히 했으므로 1kg당 2g의 단백질이 필요했고 나의 하루 단백질 권장량은 200g이었다. 이것을 살코기 기준으로 환산할 경우 하루 약 800g의 고기를 먹으면 되는 것이다. 하루 4회로 나누어 식사를 하는 것이 좋지만, 현실적으로 가능하지 않은 경우가 많으므로 3회로 나눠서 식사하면 좋을 것 같다. 탄수화물의 경우, 정제가 많이 된 탄수화물의 섭취는 다이어트의 적이므로 반드시 앞에서 말한 좋은 탄수화물로 대체해 식단을 짜는 것이 중요하다. 탄수화물에 대해서는 다음 장에서 조금 더 자세히 알아보자.

〈일일 적정 단백질 섭취량〉

유형	몸무게	몸무게 1kg 당 단백질 량	하루 단백질 권장량	살코기 기준 적당량	비고
운동하는 여자	50kg	1g	50g	110g	닭가슴살, 소 안심 등 기름기 적은 살코기의 경우 100g당 약 22~24g 단백질 함유
운동 안 하는 여자	50kg	0.5g	25g	220g	
운동하는 남자	70kg	2g	140g	600g	
운동 안 하는 남자	70kg	1g	70g	300g	

칼로리 보다는
GI (Glycemic Index)
지수

흰쌀밥과 현미밥

당뇨가 있는 사람은 흰밥 대신 현미밥을 먹어야 한다는 이야기를 많이 들어봤을 것이다. 당지수가 낮은 탄수화물의 섭취를 권장하는 것이다. 현미밥과 흰밥의 칼로리는 대동소이하지만, 굳이 현미밥을 먹으라는 이유는 당지수, 즉 GI 지수가 흰밥보다 현저히 낮기 때문이다. 적절한 영양을 섭취하기 위해서는 우리 몸의 주된 에너지원인 탄수화물을 반드시 먹어야 한다. 하지만 밥이 주식인 우리나라 사람에게는 흰쌀이 비만과 당뇨에 가장 결정적인 요인이 될 수 있다.

나 같은 비전문가가 인슐린이 이렇고 포도당이 저렇고를 잘못 논했다가 망신당할 수도 있고 정확하지 않은 정보를 내놓을 수 있기 때문에, 건강에 관심 있는 사람들이 쉽게 이해할 수 있도록 간단하게만 설명을 해볼까 한다.

보통 흰색 탄수화물인 밥, 빵, 면, 떡을 조심하라고들 하는데, 이 음식은 당이 높기 때문에 너무너무 맛있다. 흰색 탄수화물은 정제가 많이 되고 공장에서 만들어진 음식이어서 단순탄수화물이라 불린다. 이런 음식은 소화가 빨라 혈당을 빠르게 올려 체내 빠른 축적은 물론 살을 금세 찌운다.

반면에 정제가 되지 않았거나 사람 또는 공장의 손을 덜 탄 탄수화물을 복합탄수화물이라 한다. 대표적인 음식은 현미, 고구마, 통밀빵, 호밀빵 등 색이 약간 탁한 음식이 주로 이쪽으로 분류된다. 이 음식은 소화 속도가 느리고 혈당도 서서히 올라가 상대적으로 살이 덜 찌게 되는 것이다. 물론 어떤 음식이든 많이 먹으면 살이 찐다. 하지만 당 조절은 건강과 다이어트에 필수이기 때문에 조금만 신경 써서 대체하여 먹으면 큰 도움이 된다.

면 의 치 명 적 인 유 혹 및 효 과

나는 얼마 전까지만 해도 면을 입에 달고 살았다. 20대 중반까지는 베트남 쌀국수를 제외한 어떠한 면 요리도 거들떠보지 않았는데 입맛은 확실히 변하더라. 1세대 파워 블로거였던 내가 얼마나 면을 좋아했냐면 블로그 포스팅의 대부분이 평양냉면일 정도였다. 냉면을 주식으로 먹어서 주위 사람들이 평양냉면 전문 블로거라고 부르기까지 했다. 그렇게 평양냉면에 심취하더니만 이번에는 또 막국수에 눈을 떴다. 직원들과 당일치기 강원도 막국수 투어를 가서 4~5곳에서 시식을 하는가 하면 심지어 먹는 속도도 매우 빨라져서 두 그릇은 기본으로 해치우고는 했다. (다이어트와 건강에 관심이 생기고 생각해보니 그나마 평양냉면과 막국수는 밀가루보다 메밀 함량이 높아 순수 밀로 만들어진 면보다는 살이 덜 찌긴 했을 것이다.)

어찌 되었든 한입 꽉 차서 들어오는 면의 아름다운 느낌에 중독이 된 나는 어떤 종류든 가리지 않고 사랑하게 되어버렸다. 안동국시, 바지락 칼국수, 짜장면, 짬뽕, 팟타이, 우동, 소

면, 심지어는 당면까지. 국적, 종류를 가리지 않고 시도 때도 없이 면을 먹었고 적어도 하루에 한 번은 꼭 면요리를 먹었다. (지금 이 글을 쓰다 보니 식탐에 의한 비만 외에도 내가 살이 쪘던 이유가 조금씩 명확히 들어온다.)

그리고 술에 취해 들어오는 날이면 얼마나 컵라면이 당기던지 집 앞 편의점에 들러 매일 다른 라면을 사와 국물까지 충분히 음미하고 따뜻하고 빵빵해진 배로 바로 잠이 들고는 했었다. 이런 식습관과 면의 달콤 쓸쓸한 효능으로 103kg의 거구가 완성되었다. 아직까지 이 습관을 고치지 못했다면 각종 성인병에 노출되었을 것이라는 무서운 상상도 하고는 한다. 요약하자면 면 역시 가공이 많이 된 아주 맛있고 유혹적인 단순탄수화물로, 같은 양이라도 밥의 양보다 쉽게 더 많이 먹게 되므로 반드시 조심해야 하는 무서운 탄수화물이다.

같은 칼로리, 다른 GI

내가 론칭한 레스토랑 '썬더버드'는 "Eat Clean, Live Lean"을 표방하는 건강식 레스토랑이다. "깨끗하게 먹고 덜 찌워서 살자"라는 뜻이다. 레스토랑에서 사용하는 모든 탄수화물이 복합탄수화물이다. 부득이하게 당류를 사용하기는 하지만, 많이 정제된 일반 당보다 GI 지수가 현저히 낮은 것만 고집한다. 레스토랑의 메뉴별로 칼로리가 표기되어 있는데 밥과 면을 메인으로 한 메뉴의 칼로리는 약 400~500kcal 사이로 구성되어 있다. 라면의 칼로리(약 500~550kcal)를 아는 사람이라면 "그다지 낮지 않은 칼로리인데 이게 무슨 건강식, 다이어트식이야."라고 말할 수 있다.

그러나 '썬더버드'에서는 당연히 단순탄수화물은 배제하고 현미, 흑현미, 퀴노아를 섞어 밥을 짓는다. 면은 통밀로 만든 유기농면을 사용하며, 빵 역시도 고대 밀이라 불리는 깨끗한 탄수화물인 스펠트 밀에 곤약을 배합하여 직접 구워 사용한다. 집과 일반 식당에서 쉽게 접할 수 없는 대체 식단으로, GI 지수에 집중해서 조금 더 가벼운 메뉴를 탄생시켰다.

보통 GI 지수 50 이하는 낮음, 70 이하는 보통, 90 이상은 높음으로 구분하는데, 특식으로 스스로에게 상을 주지 않는 이상 보통 이하의 GI 지수를 가진 음식을 섭취하는 것이 이상적인 것 같다. 우리의 주식은 밥, 반찬, 찌개이므로 매 식사에서 단순탄수화물을 완전히 배제하기란 어려울 것이다. 그러나 건강을 생각해서 횟수를 조정하고 단순탄수화물과 복합탄수화물을 적절히 섭취한다면 조금 더 깨끗하고 가벼워진 몸을 만들 수 있지 않을까 싶다.

GI 지수란?

Glycemic Index, 즉 '혈당 지수'를 말하며 탄수화물에 들어 있는 당질의 양을 기초로 혈당치 상승률을 비교한 값을 의미합니다.

혈액 속의 포도당이 과다하면 인슐린이 포도당을 지방으로 변환시키게 되는데, 혈당 지수(GI)가 높은 음식을 섭취하면 혈당이 급격히 높아지고 이에 따라 인슐린도 많이 분비되어 포도당이 지방으로 바뀌는 것을 촉진합니다. 즉 혈액 속에 포도당이 많을수록 체지방이 증가해 비만이 되기 쉽기 때문에 효과적인 다이어트를 위해서는 GI 지수가 60 이하인 식품으로 식단을 구성하는 것이 좋습니다.

식품명	GI	열량	식품명	GI	열량	식품명	GI	열량
녹차	10	0	메밀국수	54	340	옥수수	70	92
우뭇가사리	11	2	고구마	55	132	라면	73	381
다시마	17	138	바나나	55	86	베이글	75	273
호두	18	674	오트밀	55	380	쿠키	77	432
콩나물	22	0	현미	56	350	으깬팥소	78	244
배추	23	14	건포도	57	301	우동(생면)	80	270
오이	23	14	현미밥	58	130	핫케이크	80	261
양송이버섯	24	11	호밀빵	58	264	딸기잼	82	262
우유	25	57	은행	58	187	찹쌀	80	360
콜리플라워	26	27	수박	60	37	케이크(생크림)	82	344
딸기	29	34	냉동만두	60	214	흰쌀밥	84	136
달걀	30	158	치즈피자	61	215	감자튀김	85	130
토마토	30	19	밤	60	164	떡	85	239
오렌지	31	46	황도캔	63	65	찰떡	85	235
청국장	33	172	토란	64	58	도넛	86	387
사과	36	54	보리(압력)밥	64	140	벌꿀	88	294
고등어	40	202	스파게티	65	149	참쌀떡	88	235
대구	40	79	현미플레이크	65	376	감자	90	76
두부	42	72	파인애플	65	51	식빵	91	264
바지락	44	51	침미	65	64	초콜릿	91	557
닭가슴살	45	105	소면(건면)	68	356	바게트	93	279
소고기안심	45	198	크루아상	68	431	과자빵류(팥빵)	95	280
돼지고기안심	45	223	카스텔라	69	323	사탕	108	396
통밀빵	50	265				설탕	109	384

(100g 기준)

비건과
팔레오

비건의 종류

요즘 들어 우리나라에서도 비건이라는 말이 자주 보이고는 한다. 비건은 간단히 말하자면 채식주의자인데, 이 채식주의자에도 종류가 참 많더라. 흔히 아는 비건은 완전 채식주의자를 의미한다. 이 유형의 사람은 동물에게서 얻은 식품을 전혀 섭취하지 않으며 식물성 음식으로만 구성된 식단을 먹는다. 비건보다 선택적인 채식을 하는 유형의 사람은 락토-오보 베지테리언이라 한다. 서양의 많은 채식주의자들이 이쪽에 속하며 육식을 하지는 않지만 식물성 음식과 더불어 동물의 알과 유제품 등을 섭취한다. 라틴어로 락토는 젖, 오보는 알을 뜻하는데, 락토 베지테리언이 꿀과 우유까지 먹는 반면, 오보 베지테리언은 유제품은 먹지 않으나 동물의 알은 먹는다.

이외에도 해산물과 유제품 등까지 먹는 페스코 베지테리언, 조류와 해산물 등을 먹는 폴로 베지테리언, 평상시에는 채식을 하지만 선택적으로 육류를 먹는 플랙시테리언 등 여러 유형의 채식주의자가 있다. 이들 중 가장 극단적 채식주의자로 불리우는 프루테리언은 식물의 생명까지 존중하여 땅에 떨어진 열매만 먹는다.

나야 물론 '초 극단적 잡식주의자'이니 이 유형에 속하는 사람들을 이해하기는 어렵지만 그들의 선택을 존중한다. 하지만 인류 최고의 발명인 요리를 통해 얻는 행복을

너무나도 잘 알고 있는 나이기에 이들이 갖고 있는 고충과 불편함, 그리고 선택적이

기는 하나 사람의 기본적 욕구를 참아내며 수행하는 마음으로 살아가는 그들이 존

경스럽기도 하다.

비건의 유형

비건 유형	섭취 가능 음식	비고
프루테리언	땅에 떨어진 열매	극단적 채식주의로, 식물의 생명도 해쳐서는 안 된다는 원칙을 갖고 있음
비건	식물성 식품	완전 채식주의로, 육류, 해산물, 알, 유제품, 꿀 등 동물로부터 얻은 모든 식품 제한
락토 베지테리언	식물성 식품+유제품, 꿀	동물을 해치지 않는 유제품 섭취
오보 베지테리언	식물성 식품+동물의 알	육류, 생선, 유제품은 먹지 않지만 동물의 알은 허용됨
락토-오보 베지테리언	식물성 식품+ 동물의 알, 유제품, 꿀	가장 흔한 베지테리언의 유형으로, 살생 혹은 도축을 통해 생산된 육류 및 해산물 제한
페스코 베지테리언	식물성 식품+ 해산물, 동물의 알, 유제품	생선 등으로 단백질 보충
폴로 베지테리언	식물성 식품+ 조류, 해산물, 동물의 알, 유제품	닭고기, 오리고기 등의 육식 가능
플렉시테리언	모든 식품	주로 채식을 하지만 경우에 따라 육류 및 해산물을 먹는 부류

현실 속 비건

업무상 미국 출장이 잦은 편인데, 미국 서부에 가면 채식 전문 레스토랑의 숫자가

점점 늘어나고 있고 이곳을 찾는 사람들도 많아지고 있다. 일단 식재료 자체가 우리

보다 풍부하고 채식주의자의 수가 많아 어찌 보면 자연스러운 외식 트렌드의 흐름

으로 보이지만, 우리나라에서는 시기상조라 생각된다. 우리나라에서도 본인의 선택

으로 채식을 하는 사람이 꽤 늘어난 것으로 아는데, 채식을 전문으로 하는 레스토랑이 현저히 부족하기 때문에 채식주의자가 즐길 수 있는 음식의 폭이 좁다. 또 안타까운 것은 좋은 실력을 가진 전문 셰프의 손으로 탄생된 수준 높은 채식 요리가 아닌, 평범한 채소로 구성된 흔히 아는 맛의 채식 메뉴가 대부분인 것이 우리나라의 현실이라는 점이다. 채식주의자의 수가 늘어나면 당연히 공급도 늘어나 더 다양한 메뉴를 뽐내는 레스토랑이 생기겠지만, 분명 시간이 걸릴 것이라 예상한다. 그리고 개인적으로 채소는 아무리 요리를 잘해도 채소이기 때문에 어느 정도의 한계가 있다고 생각한다.

반드시 알고 해야 하는 채식

대부분 잘 알고 있듯 채소의 칼로리는 매우 낮다. 앞서 언급한 GI 지수도 당연히 낮은데, 이 말인즉슨 채소만으로는 몸에 충분한 에너지를 공급하기 쉽지 않다는 것이다. 물론 곡류 섭취를 통해 에너지원을 얻기는 하지만 자칫 잘못하면 단백질 및 지방 부족으로 영양학적 불균형이 생기기 쉽다.

과다한 지방의 섭취는 비만에 이르는 지름길이지만 적당한 지방의 섭취는 신체에 꼭 필요한 것이라는 데에는 논쟁의 여지가 없다. 견과류와 곡류를 활용해 단백질 및 지방 섭취를 적절히 하면 큰 문제가 없겠지만, 정확한 정보와 충분한 공부 없이 무턱대고 비건의 삶으로 전환한다면 몸에 큰 해를 끼칠 수 있다. 나야 채식주의자가 될 확률이 0%이기에 상관없겠지만 비건의 삶을 꿈꾸거나 준비를 하는 사람이라면 영양학 공부를 충분히 하고 식단을 전환하는 것을 추천한다. 그런데 아직도 궁금한 점 하나. 코끼리도 비건인데 왜 이리 뚱뚱할까?

팔레오란 무엇인가

팔레오란 미국을 한창 뜨겁게 달군 구석기 시대의 식단으로, 팔레오리틱paleolithic의 줄임말이다. 국내에서는 아주 격한 운동으로 알려진 크로스핏을 하는 사람들이 이 식단에 관심을 갖고 이행하면서 조금씩 알려지기 시작했으나 아직은 그리 보편화되지 않았다. 사실 국내에서 이 식단을 하기란 참 어려운 것이, 팔레오에 적합한 식자재 조달이 현실적으로 어렵다는 점이다. 앞서 언급했듯 팔레오란 약 250만 년 전 원시인들이 먹었던 식단을 재현한 것이다. 1만 년 전 농업혁명을 계기로 곡류, 콩류, 유제품 등을 생산하면서 사람들의 식생활이 급격하게 변화해 예전에는 없었을 것으로 추정되는 각종 질병에 노출되면서 이를 개선하고자 시작된 것으로 안다. 따라서 이 식단의 취지는 체중 감량을 위한 다이어트뿐 아니라 식생활을 개선해 몸을 치유하고 강인하게 만든다는 데에 있다.

팔레오 식단

팔레오 식단은 모든 음식이 자연에서 채취한 것으로만 이루어져야 한다. 다시 말해 가공되거나 정제된 음식은 철저히 배제해야 한다는 것을 의미한다. 게다가 농입혁명 이전에는 수렵을 통해 얻은 육류 및 어류를 중심으로 과일, 채소, 견과류 등을 섭취해 생명을 유지했을 것이므로, 이 식단에서 가장 중요한 것은 곡류 및 가공식품이 철저히 배제되어야 한다는 점이다.

과일과 채소 등은 그렇다 치더라도 사냥 자체가 우리나라에서는 대부분 불법이다. 합법이라 하더라도 팔레오 식단에 적합한 육류인 자연에 서식하는 버펄로, 사슴, 양 등 양질의 단백질과 지방을 얻을 수 있는 동물은 우리나라에 서식하지 않거나 취급하지 않는다. 그래서 이게 참 쉽지 않다. 하지만 서양에서는 수렵을 통해 이런 단백질을 얻는 경우도 더러 있을 뿐만 아니라 주로 곡물 사육을 하지 않고 풀로만 키운 목초사육 육류가 많이 유통되기 때문에 이로 대체할 수 있어 팔레오 식단을 하기에 좀 더 순조롭다.

국내에서 팔레오 식단을 하려면 최대한 비슷하게 재현하는 정도가 최선이다. 양질의 단백질(육류, 해산물, 달걀 등), 다양한 채소, 견과류, 과일 등을 골고루 섭취하는 것이 알맞을 듯싶다. 국내에도 풀만 먹여 키운 수입 소를 취급하는 육류 판매업소가 있기는 하지만 찾기가 여간 쉬운 일이 아니다. 그나마 나처럼 레스토랑을 운영하는 사람은 거래처를 통해 바로 받을 수는 있지만, 일반인은 마트나 정육점에서 쉽사리 구할 수는 없는 것으로 안다. 대안으로 유통경로가 확실한 양질의 육류로 대체하고 채소와 과일 등 기타 재료도 유기농으로 구성하면 나름 팔레오 식단을 흉내 낼수 있다. 하지만 이 또한 금액이 만만치 않아 쉽지 않을뿐더러 한식 위주의 식단을 배제해야 하기 때문에 개인적으로는 추천하지 않는다.

간단하게 팔레오 식단의 구성법을 설명하자면 매 끼니당 단백질, 채소, 견과류, 과일을 섭취하되 종류는 크게 국한하지 않아도 된다. 팔레오 식단을 1년간 해온 지인에게 배운 간단한 팁은 매 끼니당 손바닥 크기의 단백질, 양손으로 잡을 수 있는 충분한 양의 채소, 견과류 한 줌, 소량의 과일을 섭취하는 정도의 양이면 된다. 요즘은 다양한 다이어트 방법과 식단이 난무해 선택하기도 쉽지 않을 것이다. 그러나 이것만은 유의했으면 한다. 몸은 순식간에 변하지 않는다. 그리고 살아온 패턴이 있기 때문에 단기간에 다이어트 혹은 변화된 식단을 하더라도 몸은 오랫동안 유지해온 상태로 돌아가려는 습성이 있다. 운동이든 식단이든, 본인이 충분한 관심을 갖고 꾸준히 오래 할 수 있는 것을 선택하기를 바란다.

클린 이팅을
통한
식생활 개선

클린 이팅

요즘 인스타그램 해시태그를 보면 클린 이팅이라는 단어가 자주 눈에 띈다. 물론 관심을 갖고 있는 사람에게나 보이는 것이겠지만, 나 역시 이 해시태그를 자주 쓰고 이 말을 자주 한다. 특히 운동을 직업으로 삼거나 본인 몸에 특히 관심이 많은 사람들 사이에서는 널리 알려진 말로, 나는 킥복싱을 본격적으로 시작하면서 이 말을 알게 되었다. 내 스승인 권배용 코치가 "운동을 많이 하니까 잘 챙겨 드시고 저녁만 좀 깨끗하게 드세요."라는 말을 했는데 결국에는 그게 클린 이팅이라는 뜻이었던 것 같다. (당시 나는 그 말을 무시하고 내 마음대로 먹고 건강한 돼지가 되었지만.) 대체 깨끗하게 먹는 것이 무엇일까 궁금해서 찾아보니 우리나라보다 미국에서 보편화된 말이었다.

그때부터 구글과 인스타그램을 통해 클린 이팅에 대해 파보기 시작했는데, 거창한 것은 아니고 "최대한 건강하게 먹기"라고 생각하면 되겠더라. 같은 육류를 먹더라도 지방이 적은 쪽을 먹고, 가공된 음식과 염분을 최대한 피하고, 채소를 항상 챙겨 먹는 등 우리가 알고 있는 상식 내의 건강 식단을 의미한다. 클린 이팅이라는 것이 어찌 보면 앞서 소개한 팔레오 식단과도 일맥상통하는 면이 있다. 팔레오 식단은 최대한 가공 · 정제된 음식을 피하고 음식이 갖고 있는 본연의 모습과 맛 그대로를 섭취하는 것이고, 클린 이팅 또한 복잡한 조리법과 소스류를 최대한 배제하여 깨끗한 음식 본연의 맛을 즐기는 것이다.

이 사실을 알면서도 클린 이팅과 먼 관계를 유지했던 나였지만, 아버지께서 신장이 안 좋아지면서 어머니가 스트레스를 받아가며 최대한 깨끗한 음식과 저염 음식으로 아침을 차리기 시작해 나 역시도 어쩔 수 없이 클린 이팅을 시작하게 되었다.

보통 우리 집의 아침 식사는 내가 사랑하는 김치찌개나 된장찌개 혹은 나의 해장을 도울 국과 진득한 제육볶음 혹은 생선조림, 간이 센 나물류가 주를 이뤘다. 하지만 아버지의 건강 때문에 찌개나 국은 밥상에서 거의 사라졌고 간을 하지 않은 생선과 아주 슴슴하게 무친 나물류, 싱싱한 채소로 상이 채워지기 시작했다. 처음에는 이게 무슨 일인가 싶기도 하고 먹어도 먹은 것 같지도 않더니만 확실히 사람은 적응을 잘 하는 동물이다. 아침을 꾸준히 이렇게 먹다 보니 염분에 민감해지고 서서히 국물류도 덜 찾게 되었다. (물론 술 마시고 취해서 또 다른 내가 나오기 전까지.)

단점이라면 외식업을 하는 사람으로서 음식의 간이 약해져 정확한 판단이 흐려지기도 해서 이게 맞나 싶을 때도 있었다. 요즘 대체로 고객도 예전보다 저염식을 선호하고 있어 그나마 다행이라 생각한다. 아무튼, 이렇게 시작된 클린 이팅은 본격적인 다이어트를 체계적으로 경험하며 일상이 되었다.

클 린 이 팅 식 단

앞서 언급했듯 클린 이팅은 그다지 거창한 것이 아니다. 우리가 알고 있는 상식선의 건강한 음식이라 생각해도 무방하다. 조금 더 자세하게 이야기하자면 식단을 구성할 때 꼭 염두에 둬야 하는 내 나름의 공식이 있는데, 바로 필수 5대 영양소를 포함해야 한다는 것이다. 이 필수 영양소는 탄수화물, 단백질, 지방, 비타민, 그리고 무기질이다. 나의 클린 이팅 식단을 보면 최대한 5대 영양소가 포함되도록 구성하고 내 몸에 맞는 적정량을 먹기 위해 노력한다.

간단한 예로, 내가 주로 먹는 아침 식단의 재료는 현미밥, 닭가슴살, 혹은 생선, 달걀, 각종 채소다. 탄수화물인 밥은 단순당으로 이루어진 백미 대신 복합탄수화물인 현미로 대체하고, 단백질의 경우 지방이 적은 닭가슴살이나 생선을 먹는다. 달걀은 하루에 한두 개를 항상 챙겨 먹는 편인데, 단백질을 채운다기보다는 심심할 수 있는 식단을 조금 더 맛있게 완성해주기 때문에 빠지지 않고 식탁에 올라온다. 잘 알다시피 채소 대부분은 종류와 무관하게 클린하며 비타민과 더불어 무기질 등 우리에게 필요한 다양한 영양소를 포함하고 있어 넉넉하게 먹는다. 물론 이 모든 요리를 조리할 때는 최소한의 엑스트라 버진 올리브 오일만 사용하고 약간의 지염 진징과 소금으로 긴을 한다. 특별한 약속이 없는 경우에는 점심도 클린하게 먹으려 노력하는 편이다. 사무실 앞에 자리한, 내가 운영하는 이탈리안 레스토랑에 가서 최소한의 드레싱을 곁들인 샐러드와 소스를 별도로 요청한 단백질(소고기, 양고기, 닭고기) 등으로 해결한다. 또는 최근 내가 오픈한 클린 이팅 전문점인 썬더버드로 가서 마음 놓고 먹고 싶은 음식을 먹는다.

클린 이팅을 논하지만, 부끄럽게도 내 저녁 식사는 대부분 술을 곁들이는 자리인지라 식단을 지키는 것이 무척 힘들다. 하지만 내가 깨어있는 한(만취로 기억을 잃지 않는 이상) 양질의 단백질과 채소를 안주 삼아 술을 곁들인다. 기억이 가물가물한 틈을 타 편의점 라면과 햄버거 등을 사 먹는 몹쓸 습관이 아직도 나오기는 하지만 그러면 또 어떤가. 난 내일부터 다시 클린 이팅 식단을 지킬 것이니.

클린 이팅은 다이어터만이 해야 하는 식단이 아니다. "음식으로 못 고치는 병은 약으로도 못 고친다."라는 약식동원의 의미와도 일맥상통하기 때문에 모든 사람에게 추천한다. 음식은 약이 되기도 하고 독이 되기도 하는 아주 민감한 녀석이다. 조금만 음식 섭취에 신경을 쓴다면 체중관리는 물론 얼마든지 성인병을 비롯한 각종 질병을 예방하고 치유할 수 있다고 믿는다.

실 생 활 속 클 린 이 팅

다양한 콘셉트의 레스토랑을 이곳저곳에서 운영하기 때문에 솔직히 '주인 찬스'를 많이 쓰는 편이다. 무슨 말이냐 하면, 조금 이기적이기는 하지만 식사 약속이 있어서 내게 장소의 선택권이 주어질 때면 주로 내가 운영하는 레스토랑에 간다. 그곳에 가면 어떤 식재료와 어떤 메뉴가 있는지 잘 알고 있고, 설사 메뉴에 없다 하더라도 번거롭지만 클린 이팅 식단을 주방에 부탁하는 편이다. 나에게만 국한된 이야기일 수도 있겠지만, 꼭 그렇지만 않은 것이 클린 이팅에 대한 기준이 한 번 선다면 어떤 식당, 심지어 중국집에 가더라도 클린 이팅을 할 수 있다.

예를 들어, 모둠 냉채를 애피타이저로 주문하고 기름에 튀기지 않은 해산물 요리를 메인으로, 그리고 식사는 다른 사람이 주문한 것을 맛만 보게 되면 나름의 영양소를

다 채울 수 있다. 물론 중국집에 안 가는 것이 더 좋은 방법이지만, 나만의 식단을 위해서 고립되는 것보다는 이쪽을 택하는 것이 나은 방법이라 생각한다.

회식 때도 역시 식단을 지킬 수 있는데, 소고깃집이나 횟집을 가면 훨씬 더 좋고 돼지고깃집을 가더라도 메뉴 선택만 잘하면 크게 실패할 일이 없다. 요즘은 돼지고기 전문점에 가더라도 삼겹살만 판매하는 것이 아니므로 상대적으로 기름기가 적은 목살, 가브리살, 갈매기살 등을 먹으면 좋다. 단, 함께 제공되는 채소를 넉넉하게 먹어야 하며 식사로 주로 시키는 찌개와 밥 또는 냉면 등은 철저히 배제해야 한다. 그 이유는 탄수화물과 지방은 사랑하는 관계이기 때문. 다시 말해 이 둘이 합쳐지면 체내 지방 축적의 포텐이 터지기 시작하는데, 특히 복부 주변에 중성지방으로 아주 쉽게 축적이 된다고 한다. 그렇기 때문에 지방이 많이 함유된 음식을 꼭 먹어야 하는 상황이라면 깨끗한 탄수화물이라도 피해야만 한다. 그리고 남들이 맛있게 냉면을 후루룩 먹고 있을 때, 우리는 그저 복부비만을 향해 달려가는 그들에게 미소로 화답을 하면 될 뿐이다.

클 린 이 팅 전 문 점 의 시 작 , 썬 더 버 드

외식 사업을 하다보니 아무래도 새로운 레스토랑이나 아이템 구상에 시간을 많이 할애하는 편이다. 더 많은 지식을 습득하고 경험하기 위해 시간이 허락한다면 해외에도 종종 나가고는 한다. 우리나라의 외식 시장도 꽤 많이 발전해서 웬만한 것은 이미 우리나라에도 있어 이전만큼 새로운 경험을 하기는 힘든 것 같았다.

그러던 중 눈에 띄는 것이 있었는데, 그게 바로 클린 이팅을 표방하는 건강식 전문점의 약진이었다. 미국 서부에 가니 비건 식당을 포함한 여러 건강식 전문점이 즐비하고, 이 트렌드가 동부까지 확산되는 추세였다. 그래서 나 역시 이 시장을 예의주시하고 있었는데 개인적인 다이어트 경험과 꾸준한 운동, 그리고 몸을 더 생각하는 식단을 갈구하는 새로운 습관을 통해 관심이 커져갔다.

나는 우리나라 외식 시장에 새로운 것을 내놓아야 한다는 강박 아닌 강박을 갖고 살며 사업을 진행한다. 이런 사업이야말로 내가 반드시 해야만 한다는 확신이 들기 시작했다. 물론 너무 앞서 사업을 시작했다가 좋은 결과를 얻지 못한 적도 있지만, 그래도 끊임없이 도전하고 시장을 선점해야 하는 것이 SG다인힐의 미션이자 역량이므로 클린 이팅 전문점을 내기로 결정했다.

산지에서 공수한 신선한 채소와 채소의 맛을 극대화 시켜줄 수 있는 저지방 소스, 영양을 파괴하지 않고 조리한 양질의 단백질, 혈당을 조절하는 복합탄수화물 등 클린 이팅 전문점 썬더버드에서는 재료와 조리법부터 차별화했다. 메뉴별 칼로리는 물론 GI 지수까지 철저히 고려하여 영양학적으로 완벽한 메뉴가 SG다인힐의 총괄 셰프인 현 정 셰프를 통해서 완성되었다. 현 정 셰프 역시 SG다인힐 오픈 초기에는 더 맛있는 메뉴를 개발하는 데 힘썼지만, 본인도 나이가 들어가며 건강식에 관심을 두고 있던 시기에 내가 어려운 미션과 선물을 준 것이다.

현 정 셰프와 우리 회사의 메뉴 디자인팀은 식자재별 영양소, 칼로리, GI 지수 등을 꼼꼼하게 파악해서 함께 1차 메뉴 목록을 만들었고, 누구보다 음식을 잘하는 그의 손을 통해 건강하면서 맛까지 보장한 썬더버드의 메뉴가 최종적으로 완성되었다. 이렇듯 썬더버드는 국내 최초의 클린 이팅 전문점이 되었다. 현재는 운동을 직업으로 하는 사람은 물론 건강에 관심이 있고 더 나은 라이프스타일을 영위하고자 하는 사람이 주로 찾는 착한 레스토랑으로 자리매김하고 있다.

Chapter 2. 클린 이팅 즐기기

깨끗하게 먹자!
건강과 맛을 모두 고려한 레시피

CLEAN EATING

가공식품이나 정제 곡물, 첨가제를 배제한
건강한 클린 이팅 레시피를 음식 종류별로 담았습니다.
칼로리와 혈당지수, 영양소 함량 등을
조화롭게 고려한 건강 식단입니다.

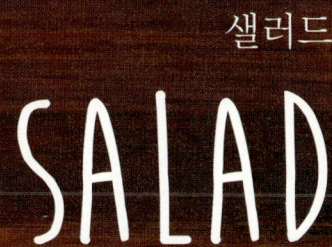

샐러드

SALAD

XXXXXXXXXXXXXXXXXXXXXXXX

샐러드는 다양한 채소에 육류나 생선, 그 밖의 다양한 재료를 곁들여 먹는 음식으로,
샐러드의 주재료인 채소는 식이섬유가 풍부하여 독소와 변을 배출하는데 효과적입니다.
신선한 채소에 다양한 토핑을 곁들이면 포만감을 높일 수 있으며
필수영양소가 가득해 든든한 한 끼 식사 대용으로 충분합니다.

난이도	칼로리
하	384kcal
비건	프렙
O	X

수퍼푸드 샐러드

SUPER FOOD SALAD

신선한 케일에 아몬드, 해바라기씨, 햄프씨드 등 수퍼푸드로 꼽히는 견과류를 곁들인 샐러드입니다.

사과를 숙성시킨 애플 사이더 비네거를 넣어 만든 애플 사이더 드레싱으로 버무립니다.

곡물로 만든 그레인 마리네이드를 미리 만들어두었다가 샐러드에 곁들이면

훌륭한 한 끼 식사가 될 수 있습니다.

미리 준비할 재료

애플 사이더 드레싱 (182p 참조)

조리재료 1인분 기준

뉴그린케일 80g, 카넬리니빈스 30g, 셀러리 20g, 적파프리카 20g,
적양파 20g, 건체리 20g, 아몬드슬라이스 10g, 해바라기씨 5g, 햄프씨드 1g,
고수 1g, 옐로페퍼, 소금, 후추

미리 준비할 재료 ❶애플 사이더 드레싱 50g

조리도구

칼, 도마, 볼, 페퍼밀

조리과정

1. 셀러리와 적파프리카, 적양파는
다이스한다. 건체리는 미온에 불려
서 반으로 자르고, 카넬리니빈스는
체에 밭쳐 물기를 뺀다. 해바라기씨
와 아몬드 슬라이스도 준비해 놓는
다.

2. 고수는 거칠게 다지고, 옐로페퍼
는 반으로 자른다. 햄프씨드도 준비
해 놓는다.

3. 찬물에 케일을 씻는다.

4. 케일은 먹기 좋은 크기로 3등분
하여 볼에 담는다.

5. 볼에 1. 2번의 카넬리니빈스, 아
몬드슬라이스, 해바라기씨 등 햄프
씨드를 제외한 모든 재료를 넣고, 미
리 만들어둔 ❶애플 사이더 드레싱
을 넣고 섞는다.

6. 섞은 샐러드를 접시에 담고, 옐로
페퍼를 올린다.

7. 햄프씨드를 뿌려 완성한다.

TIP

1. 견과류는 프라이팬에 구워서 사용하면 특유의 냄새를 제거할 수 있고 더욱 고소한 풍미를 느낄 수 있다.
3. 샐러드 채소는 미리 씻어 찬물에 담가 아삭한 식감을 살린다.
4. 거친 식감을 선호하지 않을 때는 케일의 중간 심지 부분을 제거하여 사용한다.
5. 드레싱을 섞을 때는 힘을 과하게 주거나 오래 섞지 않도록 한다. 샐러드 채소가 뭉그러질 수 있기 때문이다.

난이도	칼로리
하	337kcal
비건	프렙
O	X

타이 곤약누들 샐러드

THAI NOODLE SALAD

타이식 오리엔탈 샐러드로, 고수와 민트, 바질 등의 신선한 허브를 사용합니다.
땅콩버터에 간장을 더해 만든 오리엔탈 피넛 드레싱을 미리 만들어두었다가 활용하며,
샐러드에 고소하고 진한 풍미를 더합니다. 칼로리가 높은 에그누들 대신에 100g에 약 10kcal인
곤약누들을 사용하여 GI 지수까지 감안한 건강 샐러드입니다.

미리 준비할 재료

오리엔탈 피넛 드레싱 (181p 참조)

조리재료 1인분 기준

곤약누들 50g, 망고 30g, 방울토마토 30g, 오이 20g, 솔트피넛 15g, 양상추 10g,
라디치오 10g, 롤라로사 10g, 대파 10g, 당근 10g, 비타민 5g,
로메인 5g, 케일 5g, 치커리 5g, 고수 1g, 애플민트 1g, 바질 1g, 소금, 후추

미리 준비할 재료   ❶오리엔탈 피넛 드레싱 50g
(40g + 10g으로 나누어 준비)

조리도구

칼, 도마, 볼, 페퍼밀, 푸드 슬라이서, 가위

조리과정

1. 곤약누들을 가위로 잘라 먹기 좋게 만든 후 소금과 후추로 시즈닝하여 마리네이드해 놓는다.

2. 씨를 제거한 오이와 대파를 어슷 썰기한다. 방울토마토는 4등분하고, 망고는 씨와 껍질을 제거하여 큐브로 자른다. 고수, 애플민트, 바질은 거칠게 다지고, 당근은 채 썰어둔다.

3. 찬물에 샐러드 채소를 씻는다.

4. 샐러드 채소는 먹기 좋게 한입 크기로 썬다.

5. 볼에 손질한 채소를 담고 솔트피넛, 미리 만들어둔 ❶오리엔탈 피넛 드레싱 40g, 소금, 후추를 넣고 시즈닝하여 섞는다.

6. 섞은 샐러드를 접시에 담는다.

7. 1번의 마리네이드한 곤약누들과 채 썬 당근, 미리 만들어둔 나머지 ❶오리엔탈 피넛 드레싱 10g을 넣고 섞는다.

8. 샐러드 위에 7번의 당근과 드레싱을 섞은 곤약누들을 올려 완성한다.

TIP

1-1. 저염식을 원할 때는 소금, 후추 시즈닝을 생략하고 드레싱 양을 조절한다.

1-2. 곤약 특유의 냄새를 제거하기 위해서 식초를 넣고 끓인 물에 데친 후 헹궈서 사용하면 좋다.

2-1. 오이와 대파를 어슷썰기할 때 두께에 주의한다. 너무 두껍게 썰면 샐러드의 맛을 해칠 수 있다.

2-2. 망고 선도와 사이즈에 주의한다. 작거나, 과숙성된 망고를 사용하면 샐러드를 섞을 때 녹아버릴 수 있다.

3-1. 샐러드 채소는 선호하는 채소로 바꾸어 사용해도 된다.

3-2. 샐러드 채소는 미리 씻어 찬물에 담가 아삭한 식감을 살린다.

5. 드레싱을 섞을 때는 힘을 과하게 주거나 오래 섞지 않도록 한다. 샐러드 채소가 뭉그러질 수 있기 때문이다.

난이도	칼로리
중	247kcal
비건	프렙
O	X

비건 시저 샐러드

VEGAN CAESAR SALAD

기존의 시저 샐러드에서 오일, 달걀, 유지방, 돼지고기 등을 빼고 만든, 채식주의자를 위한 샐러드입니다.

달걀 노른자와 베아르네즈 소스 대신 두부와 칙피 후무스를 사용한

비건 시저 드레싱을 미리 만들어두었다가 활용합니다.

여기에 할랄 음식 중 하나인 팔라펠을 곁들이면 든든한 비건식 한 끼 식사가 완성됩니다.

미리 준비할 재료

비건 시저 드레싱 (180p 참조)

조리재료 1인분 기준

로메인 60g, 비건 파르메산 치즈 35g, 방울토마토 30g, 뉴그린케일 20g,
호밀빵 슬라이스 12g, 엑스트라 버진 올리브 오일 10g,
래디시 4g, 마늘 파우더, 소금, 후추

미리 준비할 재료 ❶비건 시저 드레싱 70g

조리도구

칼, 도마, 볼, 프라이팬, 전자레인지, 치즈 그레이터, 종이호일,
페퍼밀, 푸드 슬라이서

조리과정

1. 종이호일 위에 비건 파르메산 치즈를 그레이터로 갈아서 골고루 뿌려준다.

2. 파르메산 치즈를 갈아서 뿌린 종이호일을 접시에 올리고 전자레인지에서 1분 30초에서 2분간 굽듯이 익혀 튀일을 만들어 놓는다.

3. 호밀빵을 먹기 좋은 크기로 자른다.

4. 볼에 소금과 후추, 마늘 파우더, 엑스트라 버진 올리브 오일을 넣어 섞은 후, 자른 호밀빵 위에 발라 시즈닝한다.

5. 스토브에 프라이팬을 올리고, 시즈닝한 호밀빵을 노릇노릇하게 시어링하여 크루통을 만들어 놓는다.

6. 찬물에 샐러드 채소와 방울토마토를 씻는다.

7. 케일과 로메인은 먹기 좋은 크기로 2~3등분한다. 래디시는 푸드 슬라이서로 얇게 썰어 물에 담가 쓴맛을 빼고, 방울토마토는 4등분한다.

8. 볼에 준비된 샐러드 채소와 미리 만들어둔 ❶비건 시저 드레싱, 소금, 후추를 넣고 섞는다.

9. 섞은 샐러드를 접시에 담고, 방울토마토, 래디시, 호밀빵 크루통을 올린다.

10. 비건 파르메산 치즈를 그레이터로 갈아서 위에 뿌리고, 2번의 파르메산 튀일을 올려 완성한다.

TIP

1. 비건 파르메산 치즈가 없을 때는 일반 파르메산 치즈를 사용해도 된다.
6. 샐러드 채소는 미리 씻어 찬물에 담가 아삭한 식감을 살린다.
8. 드레싱을 섞을 때는 힘을 과하게 주거나 오래 섞지 않도록 한다.
   샐러드 채소가 뭉그러질 수 있기 때문이다.
10. 호밀빵 크루통과 파르메산 튀일은 습도에 따라 눅눅해질 수 있으니
    구운 후 밀폐용기에 보관하거나, 필요한 양만큼 조리하여 사용한다.

난이도	칼로리
중	257kcal
비건	프렙
O	X

비트와 토마토 샐러드
BEET TOMATO SALAD

붉은 비트와 골든비트를 사용해 산뜻한 색감과 다채로운 식감을 내는 샐러드입니다.
색색의 비트와 토마토, 과일이 어우러져 비타민이 풍부하며,
잎채소를 주로 사용하는 다른 샐러드와는 또 다른 맛을 느낄 수 있습니다.
가장 기본적인 드레싱인 레몬 드레싱을 미리 만들어두었다가 사용합니다.

미리 준비할 재료

레몬 드레싱 (183p 참조)

조리재료 1인분 기준

찰토마토 100g, 오색 방울토마토 80g, 붉은 비트(익힌 것) 65g,
골든 비트(익힌 것) 65g, 청사과 30g, 그린빈 10g, 펜넬 10g, 햄프씨드 2g,
애플민트 1g, 소금, 후추

미리 준비할 재료 ❶레몬 드레싱 30g

조리도구

칼, 도마, 볼, 푸드 필러, 푸드 슬라이서, 쿠킹호일, 오븐(또는 찜기),
편수냄비, 페퍼밀

조리과정

1. 골든 비트와 붉은 비트는 반으로 잘라 쿠킹호일로 감싼 후 100℃로 예열한 오븐에 1시간 30분가량 익힌다.

2. 오븐에 익힌 비트를 식힌 후 푸드 필러로 껍질을 벗겨 먹기 좋은 크기로 자른다. 찰토마토는 꼭지 부분을 제거한 후 12등분해 놓는다.

3. 오색 방울토마토는 2등분하고, 청사과는 씨를 제거해 다이스한다. 애플민트는 거칠게 다지고, 그린빈은 끓는 물에 익힌 후 찬물에 식혀 2등분한다. 펜넬은 줄기를 제거해 푸드 슬라이서로 슬라이스한다.

4. 슬라이스한 펜넬은 찬물에 담가 식감을 살린다.

5. 볼에 비트와 토마토, 청사과, 그린빈, 펜넬을 넣고 소금, 후추로 시즈닝한다.

6. 미리 만들어둔 ❶레몬 드레싱을 넣고 섞는다.

7. 섞은 샐러드를 접시에 담고 햄프씨드를 뿌린다.

8. 완성

TIP

1-1. 비트의 크기에 따라 익히는 시간을 가감한다. 오븐이 없다면 찜기에 찌는 것도 좋다.

1-2. 비트를 익힐 때는 가운데 심지 부분이 덜 익는 경우가 있으므로 주의한다.

3-1. 청사과를 미리 준비할 때 레몬즙 또는 설탕물에 담가 보관하면 갈변현상을 막을 수 있다.

3-2. 펜넬의 줄기 부분은 먹을 수도 있지만, 섬유질이 많아 식감이 질기므로 제거하는 것이 좋다.

6. 드레싱을 섞을 때는 힘을 과하게 주거나 오래 섞지 않도록 한다. 샐러드 채소가 뭉그러질 수 있기 때문이다.

난이도	칼로리
중	458kcal
비건	프렙
O	X

멕시칸 콥 샐러드

MEXICAN COBB SALAD

롤라로사, 라디치오, 케일, 로메인 등 다채로운 잎채소와 토마토, 고구마, 아보카도 등이 어우러진
샐러드입니다. 아보카도는 비교적 열량이 높은 편이나 건강에 이로운 불포화 지방이어서
다양하게 활용할 수 있습니다. 흑식초와 스파이스 럽의 풍미가 어우러진 흑식초 럽 드레싱을
미리 만들어두었다가 사용합니다. 타코 비프를 곁들이면 부족한 단백질을 보충할 수 있습니다.

미리 준비할 재료

흑식초 럽 드레싱 (184p 참조)

조리재료 1인분 기준

고구마(익힌 것) 80g, 방울토마토 65g, 적채 25g, 블랙빈 25g, 블랙올리브 20g,
양상추 15g, 롤라로사 15g, 라디치오 10g, 적양파 10g, 케일 5g, 로메인 5g,
비타민 5g, 치커리 5g, 고수 1g, 소금, 후추

미리 준비할 재료 ❶흑식초 럽 드레싱 50g (40g + 10g으로 나누어 준비)

조리도구

칼, 도마, 볼, 오븐, 쿠킹호일

조리과정

1. 고구마는 껍질째 쿠킹호일로 감싼 후 190℃로 예열한 오븐에 40분가량 익힌다.

2. 블랙빈은 체에 밭쳐 물기를 빼고, 껍질과 씨를 제거한 아보카도, 적양파는 슬라이스한다. 방울토마토와 블랙올리브는 2등분하고, 익혀서 껍질을 제거한 고구마는 큐브 형태로, 적채는 사각형으로 썰어 놓는다.

3. 찬물에 샐러드 채소를 씻는다.

4. 볼에 먹기 좋게 썬 샐러드 채소와 거칠게 다진 고수를 넣고 소금, 후추로 시즈닝한다. 미리 만들어둔 ❶흑식초 럽 드레싱 40g을 넣고 섞는다.

5. 섞은 샐러드를 접시에 담고 손질한 방울토마토, 적채, 고구마, 블랙올리브, 적양파, 블랙빈, 아보카도를 올린다.

6. 미리 만들어둔 나머지 ❶흑식초 럽 드레싱 10g을 골고루 뿌린다.

7. 완성

TIP

1. 고구마는 크기에 따라 익히는 시간이 다르므로 익힐 때 주의한다.
2-1. 아보카도는 숙성도에 따라 맛이 달라지므로 색이 검고 표면을 눌렀을 때 살짝 들어가는 완숙을 사용한다.
       익지 않은 아보카도는 쌀통에 넣어 보관하면 빠르게 익힐 수 있다.
2-2. 양파의 아린 맛을 싫어한다면 30분가량 물에 담가 매운맛을 뺀다.
3. 샐러드 채소는 미리 씻어 찬물에 담가 아삭한 식감을 살린다.
4. 드레싱을 섞을 때는 힘을 과하게 주거나 오래 섞지 않도록 한다. 샐러드 채소가 뭉그러질 수 있기 때문이다.

난이도	칼로리
중	300kcal
비건	프렙
O	X

옴니버스 샐러드

OMNIBUS SALAD

그레인 샐러드, 그린빈 샐러드, 비트 샐러드, 세 가지 샐러드를 한 접시에 즐길 수 있는 모둠 샐러드입니다.

곡물을 활용해 만든 그레인 마리네이드를 곁들이며

레몬 드레싱, 애플 사이더 드레싱, 흑식초 럽 드레싱 등 세 종류 드레싱을 사용합니다.

육류나 생선류의 단백질을 곁들이면 조화로운 맛을 느낄 수 있습니다.

미리 준비할 재료

그레인 마리네이드 (159p 참조), 레몬 드레싱 (183p 참조), 애플 사이더 드레싱 (182p 참조), 흑식초 럽 드레싱 (184p 참조)

조리재료 1인분 기준

비트 100g, 그린빈 100g, 그레인 마리네이드 100g, 청사과 30g, 적양파 10g,
찰토마토 10g, 주키니 5g, 당근 5g, 병아리콩 5g, 애플민트 1g, 햄프씨드 1g,
해바라기씨 1g, 소금, 후추

미리 준비할 재료 ❶그레인 마리네이드 100g   ❷레몬 드레싱 10g
(50g+50g으로 나누어 준비)

❸애플 사이더 드레싱 15g   ❹흑식초 럽 드레싱 15g

조리도구

칼, 도마, 볼, 오븐, 프라이팬, 토치

조리과정

1. [그레인 샐러드] 껍질과 씨를 제거한 찰토마토와 적양파는 다이스한다. 병아리콩도 준비한다.

2. 볼에 미리 만들어둔 ❶그레인 마리네이드 50g, 병아리콩, 적양파, 토마토, 미리 만들어둔 ❷레몬 드레싱을 넣고 섞는다.

3. [그린빈 샐러드] 그린빈은 끓는 물에 익힌 후 찬물에 식혀 2등분한다. 당근과 주키니는 채 썰어 찬물에 담가 식감을 살린다. 해바라기씨는 토치로 로스하거나 팬에 볶는다.

4. 볼에 그린빈과 당근, 주키니. 해바라기씨를 넣는다. 미리 만들어둔 ❸애플 사이더 드레싱을 넣고 섞는다.

5. [비트 샐러드] 100℃로 예열한 오븐에 1시간 30분가량 익힌 비트를 큐브 모양으로 썰고, 청사과는 씨를 제거한 후 다이스한다. 애플민트는 거칠게 다진다.

6. 볼에 비트와 청사과, 애플민트, 미리 만들어둔 나머지 ❶그레인 마리네이드 50g을 넣고 소금, 후추로 시즈닝한 뒤 미리 만들어둔 ❹흑식초 럽 드레싱을 넣고 섞는다.

7. 완성된 세 가지 샐러드를 한 접시에 담는다.

8. 비트 샐러드 위에 햄프씨드를 뿌려 완성한다.

TIP

1-1. 토마토를 끓는 물에 살짝 담갔다가 건지면 쉽게 껍질을 벗길 수 있다. 토마토가 무르지 않게 열처리에 주의한다.

1-2. 양파의 아린 맛을 싫어한다면 30분가량 물에 담가 매운맛을 뺀다.

1-3. 따로 불리거나 삶을 필요 없이 바로 먹을 수 있는 시판 병아리콩 통조림을 사용하면 간편하다.
말린 병아리콩을 사용할 때는 물에 충분히 불린 후 삶아서 사용한다.

5-1. 비트를 익힐 때는 가운데 심지 부분이 덜 익는 경우가 있으므로 주의한다.

5-2. 청사과를 미리 준비할 때 레몬즙 또는 설탕물에 담가 보관하면 갈변현상을 막을 수 있다.

난이도	칼로리
상	526kcal
비건	프렙
X	X

수란과 후무스 샐러드

POACHED EGG & HUMMUS SALAD

고소한 후무스와 구운 채소, 수란, 그리고 곡물로 만든 그레인 마리네이드가 어우러진 샐러드입니다.
미리 만들어둔 흰 강낭콩 후무스와 그레인 마리네이드를 곁들이며, 애플 사이더 드레싱으로 맛을 더합니다.
단백질과 탄수화물, 비타민 등이 적절히 배합되어 있어, 다른 샐러드에 비해 열량은 다소 높은 편.
샐러드 한 그릇만으로도 든든한 한 끼 식사가 됩니다.

미리 준비할 재료

애플 사이더 드레싱 (182p 참조), 흰 강낭콩 후무스 (202p 참조), 그레인 마리네이드 (159p 참조)

조리재료 1인분 기준

달걀 1개, 아보카도 50g, 미니 양배추 40g, 브로콜리 40g, 단호박 30g,
엑스트라 버진 올리브 오일 20g, 양상추 15g, 건체리 10g, 롤라로사 10g,
라디치오 10g, 케일 5g, 치커리 5g, 소금, 후추

미리 준비할 재료: ❶애플 사이더 드레싱 15g ❷흰 강낭콩 후무스 30g
❸그레인 마리네이드 60g

조리도구

칼, 도마, 볼, 편수냄비, 프라이팬, 오븐, 쿠킹호일, 페퍼밀, 집게

조리과정

1. 냄비에 물을 넣고 끓이다가 물이 끓어 오르면 불을 끄고 달걀을 담가 둔다. 물이 완전히 식은 후 달걀 껍질을 벗겨 수란을 만들어 놓는다.

2. 단호박은 반으로 잘라 씨를 제거하고, 쿠킹호일로 감싸 190℃로 예열한 오븐에 40분가량 익힌다.

3. 익힌 단호박은 껍질을 제거해 큐브 사이즈로 자르고, 아보카도는 껍질과 씨를 제거한 후 슬라이스한다.

4. 건체리는 미온수에 담가 불린다. 미니 양배추는 2등분하고, 브로콜리 줄기는 송이 밑 3cm 가량만 남도록 다듬는다.

5. 단호박과 아보카도, 브로콜리와 미니 양배추는 소금, 후추로 시즈닝한다.

6. 엑스트라 버진 올리브 오일을 두르고 예열한 프라이팬에 시즈닝한 단호박, 브로콜리, 미니 양배추를 노릇하게 구워 놓는다.

7. 찬물에 샐러드 채소를 씻는다.

8. 볼에 손질한 채소를 담고 미리 만들어둔 ❶애플 사이더 드레싱을 넣고 섞는다.

9. 접시에 미리 만들어둔 ❷흰 강낭콩 후무스와 ❸그레인 마리네이드, 6번의 구운 채소, 8번의 샐러드, 아보카도, 수란, 건체리 순으로 담는다.

10. 완성

TIP

1. 수란을 만들 달걀이 냉장고에 보관하던 것이라면 미리 실온에 두어 냉기를 뺀다. 익힐 때는 달걀 크기에 따라 차이가 있을 수 있으므로, 덜 익었다면 끓는 물에 한번 더 담갔다 뺀다.

2. 단호박을 익힐 때는 쿠킹호일로 촘촘히 감싸야 익힐 때 수분 침투를 막아 맛과 영양분 손실을 막을 수 있다.

8. 드레싱을 섞을 때는 힘을 과하게 주거나 오래 섞지 않도록 한다. 샐러드 채소가 뭉그러질 수 있기 때문이다.

누들

NOODLE

×××××××××××××××××××××××

이스트를 넣지 않은 반죽을 길게 자르거나 모양을 내어서 만드는 면 종류를 말합니다.
누들의 주재료인 탄수화물은 몸에 꼭 필요한 영양소이지만 정제된 밀은 소화가 빠르고
남은 열량을 지방으로 바꾸어 몸에 쌓이므로 다이어트의 적이라고 불리기도 합니다.
하지만 통밀은 정제된 밀에 비해 섬유소가 풍부하고 영양가가 더 높아요.
통밀 파스타면과 다양한 재료를 이용하여 파스타를 가볍게 즐길 수 있습니다.

난이도	칼로리
중	486kcal
비건	프렙
X	X

갑오징어와 계절채소구이 스파게티

CUTTLEFISH & GRILLED VEGETABLE SPAGHETTI

고단백을 자랑하면서도 저칼로리 식품인 갑오징어와 노릇하게 구워낸 제철 채소의
은은한 단맛이 어우러진 스파게티입니다.
시칠리아식 토마토소스인 시칠리안 포모도로와 저칼로리 채소육수를 미리 만들어두었다가 사용합니다.
레드페퍼 크러시드를 첨가해 살짝 매콤한 맛을 느낄 수 있습니다.

미리 준비할 재료

채소육수 (189p 참조), 시칠리안 포모도로 소스 (190p 참조)

조리재료 1인분 기준

유기농 통밀 스파게티 80g, 갑오징어 60g, 주키니 40g, 콜리플라워 30g,
방울토마토 25g, 브로콜리 15g, 엑스트라 버진 올리브 오일 15g, 마늘 10g,
바질 1g, 레드페퍼 크러시드 0.5g, 소금(면 삶기용) 10g, 소금, 후추

미리 준비할 재료   ❶ 채소육수 57g
                    ❷ 시칠리안 포모도로 소스 113g

조리도구

칼, 도마, 프라이팬, 냄비, 내열주걱, 집게, 뜰체

조리과정

1. 마늘과 방울토마토는 2등분하고, 브로콜리와 콜리플라워는 3cm 길이로 다듬는다. 주키니는 3cm 두께로 어슷썰고 갑오징어는 뼈와 껍질을 제거하고 편으로 썰어 놓는다.

2. 냄비에 물 1ℓ와 소금 10g, 엑스트라 버진 올리브 오일 5g을 넣고 끓인다. 물이 충분히 끓어오르면 스파게티를 넣고 삶아 놓는다.

3. 엑스트라 버진 올리브 오일을 두르고 가열한 프라이팬에 브로콜리와 콜리플라워, 주키니를 노릇하게 구워 시즈닝한다.

4. 채소에서 단내가 올라올 정도로 구워지면 마늘을 넣고 익힌다. 방울토마토와 레드페퍼 크러시드를 넣는다.

5. 미리 만들어둔 ❶ 채소육수와 ❷ 시칠리안 포모도로 소스를 넣고 졸인다.

6. 2번의 삶아 놓은 스파게티와 갑오징어를 넣는다. 취향에 따라 소금, 후추로 간을 조절한다.

7. 소스가 어우러질 때까지 소테하고, 바질과 엑스트라 버진 올리브 오일을 넣어 몽테한다.

8. 스파게티를 접시에 담아 완성한다.

TIP

1. 채소는 제철에 나오는 잘 익은 품목으로 선택해서 사용하면 좋다.

2. 스파게티를 삶을 때 시간을 엄수한다. 덜 익으면 면이 끊어지고, 너무 익으면 원하는 식감을 얻을 수 없다.
     취향에 따라 6분 알덴테(al dente: 가운데 심이 남은 상태), 8분 벤코토(Bencotto: 충분히 익은 상태)로 익힌다.

3. 채소 익힘 정도에 주의한다. 덜 익으면 식감이 좋지 않고, 식중독을 유발할 수도 있다.

난이도	칼로리
중	461kcal
비건	프렙
X	X

꽃게살과 레몬 허브 스파게티

LEMON CRAB SPAGHETTI

부드러운 감칠맛을 내는 꽃게살 마리네이드와 상큼한 레몬 드레싱이 어우러진 스파게티입니다.

꽃게살 마리네이드는 찐 꽃게살을 발라내 허브와 함께 마리네이드한 메뉴로,

미리 만들어두었다가 요리에 활용합니다.

뜨거운 파스타지만, 꽃게살 마리네이드와 스파게티를 차갑게 버무려 콜드 파스타로 즐겨도 좋습니다.

미리 준비할 재료

꽃게살 마리네이드 (162p 참조), 채소육수 (189p 참조), 레몬 드레싱 (183p 참조)

조리재료 1인분 기준

유기농 통밀 스파게티 80g, 엑스트라 버진 올리브 오일 15g, 아스파라거스 20g,
마늘 20g, 방울토마토 20g, 보드카 15g, 루콜라 10g
바질 2g, 레드페퍼 크러시드 0.5g, 소금(면 삶기용) 10g, 소금, 후추

미리 준비할 재료   ❶꽃게살 마리네이드 100g   ❷채소육수 170g
❸레몬 드레싱 10g

조리도구

칼, 도마, 프라이팬, 냄비, 푸드 필러, 내열주걱, 집게, 뜰체

조리과정

1. 아스파라거스는 푸드 필러로 껍질을 제거해 3등분한다. 방울토마토는 4등분한다. 미리 만들어둔 ❶꽃게살 마리네이드는 다져 놓는다.

2. 냄비에 물 1ℓ와 소금 10g, 엑스트라 버진 올리브 오일 5g을 넣고 끓인다. 물이 충분히 끓어오르면 스파게티를 넣고 삶아 놓는다.

3. 엑스트라 버진 올리브 오일을 두르고 가열한 프라이팬에 마늘을 소테한다.

4. 마늘이 연한 갈색빛을 띠면 다진 꽃게살 마리네이드와 아스파라거스, 레드페퍼 크러시드를 넣고 볶는다.

5. 보드카를 넣고 플람베한다.

6. 미리 만들어둔 ❷채소육수를 넣고 절반 정도 졸인다.

7. 2번의 삶아 놓은 스파게티를 넣는다. 취향에 따라 소금, 후추로 간을 조절한다.

8. 적당히 졸아들면 엑스트라 버진 올리브 오일과 방울토마토, 루콜라, 바질을 넣고 몽테한다.

9. 스파게티를 접시에 담고 미리 만들어둔 ❸레몬 드레싱을 취향대로 뿌려 완성한다.

TIP

2. 스파게티를 삶을 때 시간을 엄수한다. 덜 익으면 면이 끊어지고, 너무 익으면 원하는 식감을 얻을 수 없다.
   취향에 따라 6분 알덴테(al dente: 가운데 심이 남은 상태), 8분 벤코토(Bencotto: 충분히 익은 상태)로 익힌다.
3. 마늘을 소테할 때 익힘 정도에 주의한다. 이미 가열된 프라이팬은 열전도가 계속 진행되므로 마늘이 탈 수 있다.
5. 보드카 플람베를 할 때 불꽃이 발생할 수 있으니 주의한다.
9. 취향에 따라 파르메산 치즈를 곁들여도 좋다.

난이도	칼로리
중	428kcal
비건	프렙
X	X

바질 페스토 견과류 스파게티

BASIL PESTO NUT SPAGHETTI

바질 페스토와 안초비의 진한 풍미, 견과류의 고소함을 느낄 수 있는 스파게티입니다.
양파, 셀러리, 당근 등을 넣고 끓여 만드는 저칼로리 채소육수와 치즈를 사용하지 않은
바질 페스토를 미리 만들어두었다가 사용합니다.
유기농 통밀 스파게티를 사용해 열량을 낮추고 GI 지수를 고려했습니다.

미리 준비할 재료

채소육수 (189p 참조), 바질 페스토 (188p 참조)

조리재료 1인분 기준

유기농 통밀 스파게티 80g, 아몬드밀크 30g, 주키니 30g, 양파 30g, 마늘 20g,
안초비 15g, 블랙올리브 12g, 엑스트라 버진 올리브 오일 10g,
소금(면 삶기용) 10g, 소금, 후추

미리 준비할 재료　❶채소육수 170g
　　　　　　　　❷바질 페스토 40g

조리도구

칼, 도마, 프라이팬, 냄비, 내열주걱, 집게, 편수냄비, 뜰체

조리과정

1. 마늘은 2등분하고, 주키니와 블랙
올리브는 슬라이스한다. 양파는 잘
게 다져 놓는다.

2. 냄비에 물 1ℓ와 소금 10g, 엑스
트라 버진 올리브 오일 5g을 넣고
끓인다. 물이 충분히 끓어오르면 스
파게티를 넣고 삶아 놓는다.

3. 엑스트라 버진 올리브 오일을 두
르고 가열한 프라이팬에 마늘을 소
테한다.

4. 마늘이 연한 갈색빛을 띠면 안초
비를 넣고 부서질 때까지 젓는다.

5. 주키니와 블랙올리브, 양파를 넣
고 소테한다.

6. 미리 만들어둔 ❶채소육수와 아
몬드밀크를 넣고 절반 정도 졸인다.

7. 2번의 삶아 놓은 스파게티를 넣
는다. 취향에 따라 소금, 후추로 간
을 조절한다.

8. 적당히 졸아들면 불을 끄고 미리
만들어둔 ❷바질 페스토를 넣은 뒤
충분히 젓는다.

9. 스파게티를 접시에 담아 완성한
다.

TIP

2. 스파게티를 삶을 때 시간을 엄수한다. 덜 익으면 면이 끊어지고, 너무 익으면 원하는 식감을 얻을 수 없다.
취향에 따라 6분 알덴테(al dente: 가운데 심이 남은 상태), 8분 벤코토(Bencotto: 충분히 익은 상태)로 익힌다.
3. 마늘을 소테할 때 익힘 정도에 주의한다. 이미 가열된 프라이팬은 열전도가 계속 진행되므로 마늘이 탈 수 있다.
4. 안초비를 소테할 때 여분의 수분으로 인해 프라이팬에서 기름이 튈 수 있으니 주의한다.
8. 바질 페스토는 가능하면 가열하지 않는 것이 좋다. 바질 페스토를 가열하면 고유의 향이 사라지고 색이
탁해질 수 있다.

난이도	칼로리
중	403kcal
비건	프렙
X	X

버섯과 닭가슴살 스파게티

MUSHROOM & CHICKEN BREAST SPAGHETTI

각종 버섯과 연하게 익힌 닭가슴살을 넣은 아시안풍 스파게티입니다.

일본식 맛간장과 저칼로리 채소육수는 미리 만들어 보관했다가 요리에 활용해 감칠맛을 더합니다.

또한 간장 소스 베이스 소스에 담가 익힌 소이 닭가슴살을 사용해 단백질을 보충하게 했습니다.

버섯과 수란, 닭가슴살의 훌륭한 조화가 돋보이는 스파게티입니다.

미리 준비할 재료

소이 닭가슴살 (151p 참조), 맛간장 (205p 참조), 채소육수 (189p 참조)

유기농 통밀 스파게티 80g, 느타리버섯 30g, 양송이버섯 30g, 마늘 20g,
표고버섯 15g, 달걀 1개, 엑스트라 버진 올리브 오일 15g, 파슬리 1g,
소금(면 삶기용) 10g, 레드페퍼 크러시드, 소금, 후추

미리 준비할 재료 ❶소이 닭가슴살 60g ❷맛간장 15g
❸채소육수 170g

조리도구

칼, 도마, 프라이팬, 냄비, 내열주걱, 집게, 편수냄비, 뜰체, 페퍼밀

조리과정

1. 마늘은 2등분하고, 양송이버섯과 표고버섯은 편으로 썰고 느타리버섯은 길게 2등분한다. 파슬리는 잎부분만 다지고, 미리 만들어둔 ❶소이 닭가슴살은 두툼하게 썰어 놓는다.

2. 냄비에 물을 넣고 끓이다가 물이 끓어 오르면 불을 끄고 달걀을 담가둔다. 물이 완전히 식은 후 달걀 껍질을 벗겨 수란을 만들어 놓는다.

3. 냄비에 물 1ℓ와 소금 10g, 엑스트라 버진 올리브 오일 5g을 넣고 끓인다. 물이 충분히 끓어오르면 스파게티를 넣고 삶아 놓는다.

4. 엑스트라 버진 올리브 오일을 두르고 가열한 프라이팬에 마늘을 소테한다.

5. 마늘이 연한 갈색빛을 띠면 버섯을 넣고 노릇하게 굽는다.

6. 파슬리와 레드페퍼 크러시드를 넣고 소테한 후 미리 만들어둔 ❷맛간장을 넣고 끓인다.

7. 미리 만들어둔 ❸채소육수를 넣고 절반 정도 졸인다.

8. 3번의 삶아 놓은 스파게티를 넣는다. 취향에 따라 소금, 후추로 간을 조절한다.

9. 적당히 졸아들면 1번의 손질한 소이 닭가슴살을 넣고 볶는다.

10. 스파게티에 소스가 완전히 흡수되면 접시에 담는다.

11. 완성된 스파게티 위에 수란을 올린다.

12. 수란 위에 후추를 뿌려 완성한다.

난이도	칼로리
중	485kcal
비건	프렙
X	X

아스파라거스와 바지락 스파게티

ASPARAGUS & CLAM SPAGHETTI

바지락과 아삭한 식감의 아스파라거스가 어우러진 오일 베이스의 스파게티입니다.
양파, 셀러리, 당근 등을 넣고 끓인 채소육수를 미리 만들어두었다가 요리에 활용합니다.
담백한 맛을 즐길 수 있는 스파게티입니다.

미리 준비할 재료

채소육수 (189p 참조)

조리재료 1인분 기준

바지락 110g, 아스파라거스 90g, 유기농 통밀 스파게티 80g,
마늘 20g, 엑스트라 버진 올리브 오일 15g, 파슬리 1g, 레드페퍼 크러시드 0.5g,
소금(면 삶기용) 10g, 소금, 후추

미리 준비할 재료 ❶채소육수 170g

조리도구

칼, 도마, 프라이팬, 냄비, 푸드 필러, 내열주걱, 집게, 뜰체

조리과정

1. 마늘은 2등분하고, 아스파라거스는 푸드 필러로 껍질을 제거하고 3등분해 놓는다.

2. 냄비에 물 1ℓ와 소금 10g, 엑스트라 버진 올리브 오일 5g을 넣고 끓인다. 물이 충분히 끓어오르면 스파게티를 넣고 삶아 놓는다.

3. 엑스트라 버진 올리브 오일을 두르고 가열한 프라이팬에 마늘을 소테한다.

4. 마늘이 연한 갈색빛을 띠면 바지락과 아스파라거스, 파슬리, 레드페퍼 크러시드를 넣고 바지락이 익을 때까지 소테한다.

5. 바지락이 익으면 미리 만들어둔 ❶채소육수를 넣고 절반 정도 졸인다.

6. 2번의 삶아 놓은 스파게티를 넣는다. 취향에 따라 소금, 후추로 간을 조절한다.

7. 적당히 졸아들면 엑스트라 버진 올리브 오일을 넣고 몽테한다.

8. 스파게티를 접시에 담아 완성한다.

TIP

2. 스파게티를 삶을 때 시간을 엄수한다. 덜 익으면 면이 끊어지고, 너무 익으면 원하는 식감을 얻을 수 없다.
취향에 따라 6분 알덴테(al dente: 가운데 심이 남은 상태), 8분 벤코토(Bencotto: 충분히 익은 상태)로 익힌다.

3. 마늘을 소테할 때 익힘 정도에 주의한다. 이미 가열한 프라이팬은 열전도가 계속 진행되므로 마늘이 탈 수 있다.

4. 바지락을 소테할 때 뻘이 있는 바지락이 있지 않은지 주의한다. 해감이 된 바지락이라도 하루 정도 더
해감시키는 것이 좋다. 또한 기름이 튈 수 있으니 주의한다.

7. 스파게티를 몽테할 때 오일과 소스가 분리되지 않도록 충분히 젓는다.

난이도	칼로리
중	418kcal
비건	프렙
X	X

안초비 알리오올리오와 아보카도

ANCHOVY AGLIO E OLIO & AVOCADO

짭조름한 안초비와 감칠맛 나는 맛간장을 더한, 오리엔탈풍 알리오올리오 스파게티입니다.
저칼로리 채소육수와 일본식 맛간장, 그리고 흑식초 럽 드레싱을 미리 만들어두었다가 요리에 활용합니다.
버터리한 아보카도와 흑식초 럽 드레싱의 시큼한 맛이 어우러져 풍미를 더합니다.

미리 준비할 재료

채소육수 (189p 참조), 맛간장 (205p 참조), 흑식초 럽 드레싱 (184p 참조)

조리재료　1인분 기준

유기농 통밀 스파게티 80g, 아보카도 50g, 마늘 20g,
엑스트라 버진 올리브 오일 15g, 루콜라 10g, 안초비 5g, 파슬리 3g,
레드페퍼 크러시드 1g, 소금(면 삶기용) 10g, 소금, 후추

미리 준비할 재료　❶채소육수 170g　　　❷맛간장 15g
　　　　　　　　　❸흑식초 럽 드레싱 5g

조리도구

칼, 도마, 프라이팬, 냄비, 내열주걱, 집게, 뜰체

조리과정

1. 마늘은 2등분하고, 아보카도는 껍질과 씨를 제거하여 슬라이스해 놓는다.

2. 냄비에 물 1ℓ와 소금 10g, 엑스트라 버진 올리브 오일 5g을 넣고 끓인다. 물이 충분히 끓어오르면 스파게티를 넣고 삶아 놓는다.

3. 엑스트라 버진 올리브 오일을 두르고 가열한 프라이팬에 마늘을 소테한다.

4. 마늘이 연한 갈색빛을 띠면 안초비를 넣고 부서질 때까지 젓는다.

5. 파슬리와 미리 만들어둔 ❶채소육수와 ❷맛간장을 넣고 절반 정도 졸인다.

6. 2번의 삶아 놓은 스파게티를 넣는다. 취향에 따라 소금, 후추로 간을 조절한다.

7. 소스가 어우러질 때까지 소테하고, 엑스트라 버진 올리브 오일을 넣고 몽테한다.

8. 스파게티를 접시에 담고 루콜라와 아보카도를 올린다.

9. 아보카도 위에 미리 만들어둔 ❸흑식초 럽 드레싱을 뿌려 완성한다.

TIP

2. 스파게티를 삶을 때 시간을 엄수한다. 덜 익으면 면이 끊어지고, 너무 익으면 원하는 식감을 얻을 수 없다.
   취향에 따라 6분 알덴테(al dente: 가운데 심이 남은 상태), 8분 벤코토(Bencotto: 충분히 익은 상태)로 익힌다.
3. 마늘을 소테할 때 익힘 정도에 주의한다. 이미 가열된 프라이팬은 열전도가 계속 진행되므로 마늘이 탈 수 있다.
4. 안초비를 소테할 때 여분의 수분으로 인해 프라이팬에서 기름이 튈 수 있으니 주의한다.
9. 취향에 따라 파르메산 치즈를 곁들여도 좋다.

난이도	칼로리
중	417kcal
비건	프렙
X	X

터키 미트볼 스파게티
TURKEY MEATBALL SPAGHETTI

GI 지수와 칼로리가 낮은 가금류인 칠면조로 만든 터키 미트볼을 곁들인 스파게티입니다.
터키 미트볼은 미리 만들어 냉동보관해두었다가 필요한 양만큼 해동해서 사용합니다.
칠면조가 없다면, 닭고기로 대체해도 좋습니다. 여기에 버터를 빼고 당분을 조절한
시칠리안 포모도로 소스와 채소육수를 미리 만들어두었다가 활용합니다.

미리 준비할 재료

터키 미트볼 (163p 참조), 시칠리안 포모도로 소스 (190p 참조), 채소육수 (189p 참조)

조리재료 1인분 기준

유기농 통밀 스파게티 80g, 양파 15g, 마늘 10g, 엑스트라 버진 올리브 오일 10g,
파슬리 2g, 바질 1g, 루콜라 1g, 소금(면 삶기용) 10g, 소금, 후추

미리 준비할 재료   ❶터키 미트볼 50g   ❷시칠리안 포모도로 소스 113g
　　　　　　　　 ❸채소육수 113g

조리도구

칼, 도마, 프라이팬, 냄비, 내열주걱, 집게, 뜰체

조리과정

1. 마늘은 2등분하고 양파는 곱게 다진다. 미리 만들어둔 ❶터키 미트볼은 한입 크기로 빚어 놓는다.

2. 냄비에 물 1ℓ와 소금 10g, 엑스트라 버진 올리브 오일 5g을 넣고 끓인다. 물이 충분히 끓어오르면 스파게티를 넣고 삶아 놓는다.

3. 엑스트라 버진 올리브 오일을 두르고 가열한 프라이팬에 한입 크기로 빚은 터키 미트볼을 넣고 낮은 불에 노릇하게 굽는다.

4. 터키 미트볼이 어느 정도 익으면 마늘과 양파, 잘게 썬 파슬리를 넣고 소테한다.

5. 미리 준비한 ❷시칠리안 포모도로 소스와 ❸채소육수를 넣고 절반 정도 졸인다.

6. 2번의 삶아 놓은 스파게티를 넣는다. 취향에 따라 소금, 후추로 간을 조절한다.

7. 스파게티에 소스가 완전히 흡수되면 불을 끄고 바질, 엑스트라 버진 올리브 오일 5g을 넣고 몽테한다.

8. 스파게티를 접시에 담고 루콜라를 올려 완성한다.

TIP

2. 스파게티를 삶을 때 시간을 엄수한다. 덜 익으면 면이 끊어지고, 너무 익으면 원하는 식감을 얻을 수 없다.
   취향에 따라 6분 알덴테(al dente: 가운데 심이 남은 상태), 8분 벤코토(Bencotto: 충분히 익은 상태)로 익힌다.
3. 미트볼을 구울 때 타지 않게 주의한다. 소스가 쓰고 탁해질 수 있다.
8. 취향에 따라 파르메산 치즈를 곁들여도 좋다.

난이도	칼로리
중	405kcal
비건	프렙
X	X

포모도로 리코타 스파게티

POMODORO RICOTTA SPAGHETTI

토마토의 신선함을 풍부하게 느낄 수 있는 스파게티입니다. 버터를 빼고 당분을 조절하여
건강식 소스로 재해석한 시칠리안 포모도로 소스와 채소육수는 미리 만들어두었다가 요리에 활용합니다.
우유와 플레인요거트, 생크림 등을 넣어 만든 리코타치즈를 곁들여 풍미를 더합니다.

미리 준비할 재료

시칠리안 포모도로 소스 (190p 참조), 채소육수 (189p 참조), 리코타 치즈 (160p 참조)

조리재료   1인분 기준

찰토마토 140g, 방울토마토 110g, 유기농 통밀 스파게티 80g, 마늘 20g,
엑스트라 버진 올리브 오일 15g, 사탕수수당 5g, 바질 2g,
소금(면 삶기용) 10g, 소금, 후추

미리 준비할 재료   ❶시칠리안 포모도로 소스 60g   ❷채소육수 85g
  ❸리코타 치즈 40g

조리도구

칼, 도마, 프라이팬, 냄비, 내열주걱, 집게, 편수냄비, 뜰체, 페퍼밀

조리과정

1. 마늘과 방울토마토는 2등분하고, 찰토마토는 큼직하게 썰어 놓는다.

2. 냄비에 물 1ℓ와 소금 10g, 엑스트라 버진 올리브 오일 5g을 넣고 끓인다. 물이 충분히 끓어오르면 스파게티를 넣고 삶아 놓는다.

3. 엑스트라 버진 올리브 오일을 두르고 가열한 프라이팬에 마늘을 소테한다.

4. 마늘이 연한 갈색빛을 띠면 손질한 방울토마토와 찰토마토를 넣고 소테한다.

5. 사탕수수당을 넣고 토마토의 붉은색이 선명해질 때까지 소테한다.

6. 미리 만들어둔 ❶시칠리안 포모도로 소스와 ❷채소육수를 넣고 절반 정도 졸인다.

7. 2번의 삶아 놓은 스파게티를 넣는다. 취향에 따라 소금과 후추로 간을 조절한다.

8. 소스가 어우러질 때까지 소테하고, 마지막에 바질과 엑스트라 버진 올리브 오일을 넣고 몽테한다.

9. 스파게티를 접시에 담고 미리 만들어둔 ❸리코타 치즈를 올린다.

10. 리코타 치즈 위에 후추를 뿌려 완성한다.

TIP

2. 스파게티를 삶을 때 시간을 엄수한다. 덜 익으면 면이 끊어지고, 너무 익으면 원하는 식감을 얻을 수 없다. 취향에 따라 6분 알덴테(al dente: 가운데 심이 남은 상태), 8분 벤코토(Bencotto: 충분히 익은 상태)로 익힌다.

5. 너무 진한 색이 될 때까지 소테하면 쓰고 탁한 맛이 날 수 있다.

8. 스파게티를 몽테할 때 오일과 소스가 분리되지 않도록 충분히 젓는다.

라이스볼

RICE BOWL

×××××××××××××××××××××××××××

밥을 지을 때는 백미보다는 현미를 사용하는 것이 좋습니다.
현미는 식이섬유와 항암물질이 풍부하고
신진대사를 활발하게 해줄 뿐만 아니라
GI 지수가 현저히 낮기 때문이지요.
다른 곡물에 비해 양질의 단백질을 풍부하게 함유한 퀴노아를 섞어
잡곡밥을 만들면 더욱 건강한 라이스볼이 완성됩니다.

난이도	칼로리
중	321kcal
비건	프렙
X	X

비스크 슈림프 볶음밥

BISQUE SHRIMP FRIED RICE

잡곡밥에 꽃게살 마리네이드와 비스크 슈림프를 곁들인 볶음밥입니다.

허브와 함께 마리네이드한 꽃게살 마리네이드를 넣어 게살 볶음밥의 풍미를 느낄 수 있습니다.

비스크 향을 입힌 새우인 비스크 슈림프에는 매콤한 스파이스 럽을 문질러 발라 시즈닝해 사용합니다.

여기에 맛간장을 가미해 감칠맛을 더합니다. 잡곡밥을 만들 때는 현미와 퀴노아를 섞는 것이 좋습니다.

미리 준비할 재료

꽃게살 마리네이드 (162p 참조), 맛간장 (205p 참조), 비스크 슈림프 (152p 참조), 스파이스 럽 (199p 참조)

조리재료 1인분 기준

잡곡밥 140g, 양파 35g, 달걀 30g, 양상추 20g, 그린빈 15g, 마늘 15g,
엑스트라 버진 올리브 오일 15g, 쪽파 12g

미리 준비할 재료   ❶꽃게살 마리네이드 35g   ❷맛간장 15g
               ❸비스크 슈림프 60g   ❹스파이스 럽 10g

조리도구

칼, 도마, 프라이팬, 냄비, 내열주걱, 집게

조리과정

1. 마늘과 양파는 다지고, 쪽파는 5cm 길이로, 양상추는 길이 5cm, 두께 1.5cm로 썰어 놓는다.

2. 그린빈은 끓는 물에 80%만 익도록 데친 후 3∼4cm 길이로 썰어 놓는다. 달걀은 풀어 놓는다.

3. 엑스트라 버진 올리브 오일을 두르고 예열한 프라이팬에 1, 2번의 손질한 채소와 미리 만들어둔 ❶꽃게살 마리네이드를 넣고 소테한다.

4. 풀어 놓은 달걀물을 넣고 볶는다.

5. 달걀이 익으면 잡곡밥과 미리 만들어둔 ❷맛간장을 넣고 소테한다.

6. 불을 끈 후 양상추를 넣고 골고루 섞는다.

7. 미리 만들어둔 ❸비스크 슈림프에 미리 만들어둔 ❹스파이스 럽을 앞뒤로 문지르듯이 바른다.

8. 엑스트라 버진 올리브 오일을 두르고 예열한 프라이팬에 스파이스 럽을 바른 비스크 슈림프를 올리고 앞뒤로 노릇하게 굽는다.

9. 접시에 완성된 볶음밥을 담고, 구운 비스크 슈림프를 올려 완성한다.

TIP

2. 그린빈은 녹색이 더 선명해지고 눌렀을 때 약간의 탄력이 느껴질 정도로만 익힌다.
3. 채소와 게살, 밥을 볶을 때는 가급적 코팅팬을 사용하고, 센불에 소테하여 수분과 기름을 증발시킨다.
5. 맛간장을 넣을 때 여분의 수분을 증발시키고, 간장의 감칠맛을 올릴 수 있게 충분히 소테한다.
6. 프라이팬의 불을 끈 상태에서 양상추를 넣어 아삭한 식감을 살려준다.
8. 럽을 바른 새우를 구울 때는 센불에 오래 가열하면 탈 수도 있으므로 주의한다.

난이도	칼로리
중	472kcal
비건	프렙
X	X

알로하 참치 포케 라이스

ALOHA TUNA POKE RICE

날생선과 각종 채소가 어우러진 하와이식 샐러드인 포케를 활용한 덮밥입니다.

참기름, 마늘 등으로 시즈닝한 참치 등살에 아보카도, 양파, 적채, 당근 등

각종 채소를 풍성하게 곁들이며 미리 만들어둔 피클과 맛간장을 활용해 맛을 더합니다.

잡곡밥을 만들 때는 현미와 퀴노아를 섞는 것이 좋습니다.

미리 준비할 재료

맛간장 (205p 참조), 덮밥용 채소피클 (164p 참조), 고추피클 (164p 참조)

조리재료   1인분 기준

잡곡밥 120g, 참치(시즈닝) 100g, 아보카도 50g, 단촛물 30g, 찰토마토 30g,
적채 20g, 달걀 1개, 당근 10g, 고수 1g, 쪽파 1g, 와사비 1g, 시치미 깨소금 1g

단촛물: 식초 290g, 소금 35g, 사탕수수당 30g, 유자원액 20g, 건다시마 10g
참치 시즈닝: 참기름 5g, 간마늘 3g, 굵은 소금 2g, 파슬리 1g, 굵은 후추

미리 준비할 재료   ❶맛간장 9g   ❷덮밥용 채소피클 30g
                   ❸고추피클 2g

조리도구

칼, 도마, 볼

단촛물	참치 시즈닝

조리과정

1. 적채와 당근은 겉껍질을 벗겨 씻은 후 채 썬다. 아보카도는 껍질과 씨를 제거하고 슬라이스한다. 쪽파와 파슬리는 곱게 썰고, 찰토마토는 12등분해 놓는다.

2. 참치는 큐브 형태로 썬다.

3. 볼에 썰어놓은 참치를 넣고 참치 시즈닝 재료와 함께 섞어 놓는다.

4. 냄비에 물을 넣고 끓이다가 물이 끓어 오르면 불을 끄고 달걀을 담가 둔다. 물이 완전히 식은 후 달걀 껍질을 벗겨 수란을 만들어 놓는다.

5. 갓 지은 잡곡밥을 단촛물로 버무린 뒤 랩을 씌워 실온에 미지근하게 보관한다.

6. 미리 만들어둔 ❶맛간장에 생와사비 1g을 섞는다.

7. 접시에 단촛물을 버무린 잡곡밥을 담는다. 적채를 올린 뒤 적채 위에 시즈닝한 참치를 올린다. 잡곡밥 위에 미리 만들어둔 ❷덮밥용 채소피클, 당근, 아보카도, 찰토마토를 올린다.

8. 가운데에 수란을 올리고 그 위에 시치미와 깨소금을 뿌린다. 참치 위에 미리 만들어둔 ❸고추피클, 쪽파, 시치미를 얹는다. 6번의 맛간장을 골고루 뿌려 완성한다. 취향에 따라 고수를 올린다.

TIP

1. 샐러드 같은 느낌을 원한다면 채소와 잡곡밥 양을 조절한다.
2-1. 참치 포케는 취향에 따라 크기를 조절한다.
2-2. 참치는 갈변 현상과 함께 선도가 빠르게 떨어지므로,
     먹을 만큼만 썰어 사용한다.

난이도	칼로리
중	473kcal
비건	프렙
X	X

타코 비프 멕시칸 볶음밥

BEEF TACOS PLANCHA

다진 소고기에 잘게 썬 양파와 각종 향신료로 시즈닝한 타코 비프를 곁들인 멕시칸 스타일 볶음밥입니다.

타코 비프를 비롯해 토마토로 만드는 시칠리안 포모도로 소스, 맛간장, 그리고 글루텐을 사용하지 않은

건강 스테이크 소스인 팔레오 스테이크 소스를 미리 만들어두었다가 요리에 활용합니다.

잡곡밥을 만들 때는 현미와 퀴노아를 섞는 것이 좋습니다.

미리 준비할 재료

타코 비프 (196p 참조), 시칠리안 포모도로 소스 (190p 참조), 맛간장 (205p 참조), 팔레오 스테이크 소스 (197p 참조)

1인분 기준

잡곡밥 140g, 아보카도 50g, 달걀 30g, 양파 35g, 양상추 20g, 그린빈 15g,
마늘 15g, 쪽파 12g, 엑스트라 버진 올리브 오일 10g, 완두콩 10g,
할라피뇨 6g, 고수 3g

미리 준비할 재료 ❶타코 비프 60g   ❷시칠리안 포모도로 소스 28g
                ❸맛간장 15g   ❹팔레오 스테이크 소스 30g

조리도구

칼, 도마, 프라이팬, 냄비, 내열주걱, 체

조리과정

1. 마늘. 양파. 할라피뇨는 다진다.
아보카도는 껍질과 씨를 제거하
고 슬라이스한다. 쪽파는 5cm 길이
로 썬다. 양상추는 길이 5cm, 두께
1.5cm로 썬다. 완두콩은 수분을 제거
해 놓는다.

2. 그린빈은 끓는 물에 데친 후
3~4cm 길이로 썰어 놓는다. 달걀은
풀어 놓는다.

3. 엑스트라 버진 올리브 오일을 두
르고 가열한 프라이팬에 쪽파, 마늘,
양파, 그린빈을 넣고 볶는다.

4. 풀어 놓은 달걀물을 넣고 볶다가
잡곡밥과 미리 만들어둔 ❶타코 비
프를 넣고 볶는다.

5. 미리 만들어둔 ❷시칠리안 포모
도로 소스, ❸맛간장, 완두콩, 다진
할라피뇨를 넣고 소테한다.

6. 불을 끄고 양상추를 넣은 후 골
고루 섞는다.

7. 접시에 볶음밥을 담고 아보카도
와 고수를 올린다.

8. 아보카도 위에 미리 만들어둔 ❹
팔레오 스테이크 소스를 뿌린다.

9. 완성

TIP

4. 채소와 타코 비프, 밥을 볶을 때는 가급적 코팅팬을 사용하고, 센불에 소테하여 수분과 기름을 증발시킨다.
5. 시칠리안 포모도로 소스와 맛간장을 넣을 때 수분을 증발시키고, 간장의 감칠맛을 올릴 수 있게 충분히 소테한다.
6. 프라이팬의 불을 끈 상태에서 양상추를 넣어 아삭한 식감을 살려준다.

난이도	칼로리
상	375kcal
비건	프렙
X	O

다시마 숙성 연어 덮밥

KELP AGED SALMON RICE

다시마로 감싸 숙성시킨 다시마 숙성 연어와 달걀말이, 채소피클 등을 잡곡밥 위에 올린 덮밥입니다.
덮밥에 올릴 채소피클과 달걀말이 등은 미리 만들어두었다가 덮밥 요리에 다양하게 활용할 수 있습니다.
다채로운 재료가 한데 어우러져 다채로운 풍미를 즐길 수 있는 저열량 식단이며,
일본식 맛간장을 넣어 감칠맛을 더합니다. 잡곡밥을 만들 때는 현미와 퀴노아를 섞는 것이 좋습니다.

미리 준비할 재료

다시마 숙성 연어 (150p 참조), 맛간장 (205p 참조), 달걀말이 (161p 참조), 덮밥용 채소피클 (164p 참조)

조리재료　1인분 기준

잡곡밥 140g, 아스파라거스 40g, 아보카도 20g, 단촛물 20g, 생와사비 10g, 소금, 후추

단촛물: 식초 290g, 소금 35g, 사탕수수당 30g, 유자원액 20g, 건다시마 10g

미리 준비할 재료　❶다시마 숙성 연어 80g　　❷맛간장 10g
　　　　　　　　　　　❸달걀말이 30g　　　　　❹덮밥용 채소피클 15g

조리도구

칼, 도마, 볼, 프라이팬, 푸드 필러, 내열주걱

단촛물

조리과정

1. 아스파라거스는 푸드 필러로 껍질을 제거하고 3등분하여 길게 반으로 자른다. 달걀말이는 아스파라거스 두께의 스틱 형태로 썬다. 아보카도는 껍질과 씨를 제거하고 슬라이스해 놓는다.

2. 엑스트라 버진 올리브 오일을 두르고 예열한 프라이팬에 썰어놓은 아스파라거스를 넣고 소금, 후추로 시즈닝하고 소테한다.

3. 미리 만들어둔 ❶다시마 숙성 연어는 0.5cm 두께로 슬라이스해 놓는다.

4. 미리 만들어둔 ❷맛간장에 생와사비 1g을 섞어 놓는다.

5. 갓 지은 잡곡밥을 단촛물로 버무린 뒤 랩을 씌워 실온에 미지근하게 보관한다.

6. 접시 가운데에 단촛물을 버무린 잡곡밥을 둥글게 담는다.

7. 3번의 손질한 다시마 숙성 연어와 아스파라거스, 미리 만들어둔 ❸달걀말이, 아보카도, 미리 만들어둔 ❹덮밥용 채소피클 순으로 담는다.

8. 덮밥 가운데 생와사비 9g을 올리고, 취향에 따라 연어에 4번의 맛간장을 뿌려 완성한다.

TIP

3. 만들어둔 다시마 숙성 연어가 없다면 훈제연어로 대체해도 좋다.
5. 잡곡밥은 너무 뜨겁거나 차갑지 않은, 미지근한 온도에서 단촛물과 가장 잘 섞인다.

난이도	칼로리
상	438kcal
비건	프렙
X	X

닭다리살 치킨 커리 라이스

DRUMSTICK RED CURRY RICE

글루텐 프리의 타이식 레드커리 소스와 함께 저온에서 조리한 커리 닭다리살을 곁들인 커리 라이스입니다.
커리 닭다리살을 곁들여 자칫 부족할 수 있는 단백질을 보충하며, 미리 만들어두었다가 요리에 활용합니다.
사과, 브로콜리, 양파, 애호박, 양송이버섯 등의 채소에 채소육수와 레드커리 소스를 더해
아삭한 식감까지 더합니다. 잡곡밥을 만들 때는 현미와 퀴노아를 섞는 것이 좋습니다.

미리 준비할 재료

커리 닭다리살 (157p 참조), 채소육수 (189p 참조), 레드커리 소스 (200p 참조)

조리재료 1인분 기준

잡곡밥 140g, 방울토마토 40g, 브로콜리 30g, 양파 30g, 애호박 20g, 사과 20g,
양송이버섯 20g, 엑스트라 버진 올리브 오일 5g, 고수 3g, 소금, 후추

미리 준비할 재료   ❶커리 닭다리살 80g   ❷채소육수 57g
            ❸레드커리 소스 113g

조리도구

칼, 도마, 프라이팬, 전자레인지, 내열주걱, 가위, 집게, 국자

조리과정

1. 미리 만들어둔 ❶커리 닭다리살
은 전자레인지에 2분 정도 데워 놓
는다.

2. 사과, 브로콜리, 양파, 애호박, 양
송이버섯을 2.5~3cm 큐브 형태로
썬다. 방울토마토는 2등분한다.

3. 예열된 프라이팬에 엑스트라 버
진 올리브 오일을 두르고, 손질한 채
소를 시즈닝하여 소테한다.

4. 채소는 골드브라운으로 익히고,
미리 만들어둔 ❷채소육수와 ❸레드
커리 소스를 넣는다.

5. 1번의 커리 닭다리살을 넣고 절
반 정도 졸인다.

6. 접시 왼쪽에 잡곡밥을 둥글게 모
양을 잡아 담고, 5번의 커리 닭다리
살을 올린다.

7. 접시 오른쪽에 커리를 담고, 고수
를 올려 완성한다.

TIP

2. 선호하지 않는 채소를 빼고 다른 채소를 사용해도 좋으며, 허브는 취향에 따라 곁들인다.
3. 채소를 소테할 때 태우지 않도록 주의한다. 채소를 태우면 커리 색이 어두워지고 쓴맛이 난다.

난이도	칼로리
중	391kcal
비건	프렙
X	X

소이 닭가슴살 수란 비빔밥

SOY CHICKEN BREAST BIBIMBAP

저온에서 조리한 소이 닭가슴살과 수란, 각종 나물이 어우러진 저염식 비빔밥입니다.

간장 소스 베이스에 담가 만든 소이 닭가슴살과 비빔밥 고추장은 미리 만들어두었다가 요리에 활용합니다.

애호박과 콩나물, 고비 등 각종 나물이 어우러져 풍성한 식감을 더한답니다.

잡곡밥을 만들 때는 현미와 퀴노아를 섞는 것이 좋습니다.

미리 준비할 재료

소이 닭가슴살 (151p 참조), 비빔밥 고추장 (206p 참조)

조리재료 1인분 기준

잡곡밥 140g, 콩나물 25g, 애호박 20g, 표고버섯 20g, 양파 20g, 양상추 15g,
고비 15g, 배 15g, 김 2g, 달걀 1개, 깨소금, 참기름, 소금, 후추

미리 준비할 재료   ❶소이 닭가슴살 120g   ❷비빔밥 고추장 20g

조리도구

칼, 도마, 볼, 프라이팬, 냄비, 전자레인지, 내열주걱, 집게

조리과정

1. 콩나물을 끓는 물에 넣고 10분 정도 끓여 익혀 놓는다.

2. 미리 만들어둔 ❶소이 닭가슴살은 전자레인지에 1분 정도 데운 후 예열한 프라이팬에 골드브라운으로 시어링한다.

3. 시어링한 소이 닭가슴살은 한입 크기의 큐브 형태로 썰어 놓는다.

4. 애호박은 채 썰고 배는 껍질을 제거해 얇은 스틱 형태로 썬다. 고비는 5cm 길이로 썰고, 양파, 표고버섯, 김은 슬라이스한다. 양상추는 5cm 길이로 슬라이스해 놓는다.

5. 엑스트라 버진 올리브 오일을 두르고 가열한 프라이팬에 표고버섯을 시즈닝하고 소테한다. 같은 방식으로 양파도 시즈닝하고 소테한다.

6. 엑스트라 버진 올리브 오일을 두르고 가열한 프라이팬에 고비를 시즈닝하고 소테한다. 같은 방식으로 애호박도 시즈닝하고 소테한다.

7. 냄비에 물을 넣고 끓이다가 물이 끓어 오르면 불을 끄고 달걀을 담가둔다. 물이 완전히 식은 후 달걀 껍질을 벗겨 수란을 만들어 놓는다.

8. 접시에 잡곡밥을 둥글게 담고, 애호박, 표고버섯, 양파, 콩나물, 고비, 양상추, 배, 3번의 소이 닭가슴살, 김을 담고 수란을 올린다.

9. 취향에 따라 깨소금, 참기름, 미리 만들어둔 ❷비빔밥 고추장을 곁들인다.

10. 완성

TIP

2. 닭가슴살은 이미 익힌 상태이므로 겉만 구워 풍미를 살린다.

5~6. 채소를 프라이팬에서 소테할 때 섞어서 익히지 않는다.
   채소마다 성질이 다르고 익는 시간이 달라 식감을 망칠 수 있다.

8. 김은 프라이팬에 살짝 구워 풍미를 더하는 것도 좋다.

9. 고추장 대신 맛간장을 곁들여도 좋다.

난이도	칼로리
상	331kcal
비건	프렙
X	X

채끝 스테이크 덮밥

NEW YORK STRIP RICE

채끝 등심을 간장양념으로 마리네이드하여 염도를 더한 채끝 스테이크와

적양파피클 등을 곁들인 아시안풍 스테이크 덮밥입니다.

일본풍 스테이크 소스인 스테이크 타레소스를 미리 만들어두었다가 덮밥에 뿌려 감칠맛을 더합니다.

든든한 한끼 식사로 적합한 메뉴! 잡곡밥을 만들 때는 현미와 퀴노아를 섞는 것이 좋습니다.

미리 준비할 재료

뉴욕스트립 소이 마리네이드 (156p 참조), 스테이크 타레소스 (201p 참조), 적양파피클 (164p 참조)

조리재료　1인분 기준

잡곡밥 140g, 양파 80g, 양배추 80g, 갈비양념 20g, 쪽파 10g

미리 준비할 재료　❶뉴욕스트립 소이 마리네이드 120g
❷스테이크 타레소스 20g
❸적양파피클 30g

조리도구

칼, 도미, 프라이팬, 내열주걱, 집게, 토치

조리과정

1. 양배추와 양파는 두툼하게 슬라이스하고, 쪽파는 0.5cm 두께로 썰어 놓는다.

2. 예열된 프라이팬에 양파와 양배추를 소테하고, 어느 정도 익으면 갈비양념을 넣고 섞어 놓는다.

3. 예열된 프라이팬에 미리 만들어둔 ❶뉴욕스트립 소이 마리네이드를 노릇하게 구워 놓는다.

4. 접시에 잡곡밥을 담고, 2번의 양파, 양배추를 올린다.

5. 양배추 위에 3번의 뉴욕스트립 소이 마리네이드를 썰어 올리고 미리 만들어둔 ❷스테이크 타레소스를 뿌린다.

6. 미리 만들어둔 ❸적양파피클, 슬라이스한 쪽파를 취향에 맞게 올려 완성한다.

TIP

2. 양파와 양배추를 익힐 때 주의한다. 아삭한 식감이 살아 있어야 스테이크와 잘 어울린다.
3-1. 웰던을 선호할 경우 스테이크를 익힐 때 슬라이스해서 굽는다.
3-2. 직화 향을 원할 때는 토치로 채끝살 표면을 그을린다. →

5. 담백한 맛을 느끼고 싶다면 마지막에 스테이크 타레소스를 뿌리지 않는 편이 좋다.

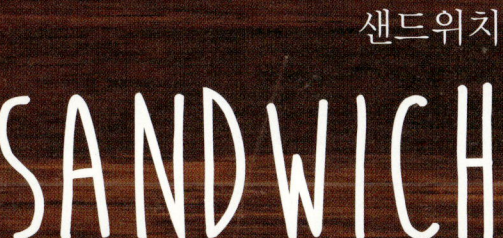

샌드위치

SANDWICH

✕✕✕✕✕✕✕✕✕✕✕✕✕✕✕✕✕✕✕✕✕✕✕✕✕✕✕✕✕✕

정제되지 않은 통밀로 만든 빵은 식이섬유가 풍부하여 포만감이 크죠.
식이섬유는 몸속에서 소화되지 않고 장까지 도달하여 유산균의 영양소가 됩니다.
높은 영양가의 통밀빵에 고기, 생선, 채소 등 재료를 곁들이면 영양분 구성이 골고루 함유된
건강한 식사가 된답니다. 다이어트 중 탄수화물 섭취가 부담스럽다면
빵 위에 재료를 올린 오픈샌드위치 형태를 선택하는 것도 좋은 방법입니다.

난이도	칼로리
하	495kcal
비건	프렙
O	X

비건 그릴치즈 샌드위치

VEGAN GRILLED CHEESE SANDWICH

GI 지수가 낮은 호밀빵 사이에 채식주의자도 먹을 수 있는 비건 체다 치즈와 비건 모차렐라 치즈를
샌드한 비건 샌드위치입니다. 비트와 각종 채소, 레드 와인 비네거를 사용해 만든 비트케첩과
상큼한 레몬 드레싱을 미리 만들어두었다가 샌드위치에 곁들입니다.
구운 고구마와 샐러드를 사이드 메뉴로 더해 포만감 있는 한 끼 식사로 구성했습니다.

미리 준비할 재료

레몬 드레싱 (183p 참조), 비트케첩 (194p 참조)

조리재료 1인분 기준

호밀빵 슬라이스 90g, 비건 체다 치즈 40g, 비건 모차렐라 치즈 40g,
샐러드믹스 30g, 고구마 30g, 아가베 시럽 10g

미리 준비할 재료 ❶레몬 드레싱 5g ❷비트케첩 30g

조리도구

칼, 도마, 프라이팬, 오븐, 쿠킹호일

조리과정

1. 샐러드믹스를 취향에 따라 배합하여 준비해 놓는다.

2. 쿠킹호일로 감싸 오븐에 구운 고구마를 큐브 형태로 자른다.

3. 큐브 형태로 자른 고구마를 프라이팬에 노릇하게 구워 놓는다.

4. 팬에 호밀빵을 올리고 2분 30초에서 3분가량 손으로 눌러가며 고루 굽는다.

5. 구운 호밀빵 위에 비건 체다 치즈와 비건 모차렐라 치즈를 올린다. 아가베 시럽을 뿌리고 나머지 빵으로 덮는다.

6. 중불로 예열한 프라이팬에 치즈를 끼워 넣은 호밀빵을 올리고 앞뒤로 노릇하게, 치즈가 흘러내릴 정도로 굽는다.

7. 완성된 샌드위치를 반으로 잘라 접시에 담는다. 샐러드믹스를 미리 만들어둔 ❶레몬 드레싱에 버무린 후 접시 한쪽에 담는다.

8. 3번의 구운 고구마와 미리 만들어둔 ❷비트케첩을 곁들여 완성한다.

TIP

4. 호밀빵을 프라이팬에 구울 때 타지 않게 주의한다. 프라이팬 대신 토스터기에 구워도 된다.
6. 치즈를 넣은 호밀빵을 구울 때 녹는점에 주의한다. 비건 치즈는 일반 치즈와 달리 녹는 시간이 길어서 덜 녹을 시 식감이 좋지 않을 수 있다. 치즈가 잘 녹지 않는다면 전자레인지에 50초 정도 데워 녹여도 된다.

난이도	칼로리
하	371kcal
비건	프렙
X	X

아보카도 토스트

AVOCADO TOAST

GI 지수가 낮은 호밀빵에 망고와 아보카도를 올린 오픈 샌드위치입니다.
우유와 플레인 요거트, 생크림 등을 넣은 리코타 치즈와 아르헨티나의 대표적인 소스인 치미추리 소스,
당근, 무, 백오이 등으로 만든 채소갱피클, 비트케첩 등은 미리 만들어두었다가 요리에 활용합니다.
브런치 스타일로 가볍게 즐기기 좋은 샌드위치입니다.

미리 준비할 재료

리코타 치즈 (160p 참조), 치미추리 소스 (193p 참조), 채소갱피클 (164p 참조), 비트케첩 (194p 참조)

조리재료 1인분 기준

호밀빵 슬라이스 90g, 망고 40g, 아보카도 80g, 아가베시럽 5g,
레드페퍼 크러시드, 비건 파르메산 치즈 1g, 아몬드 슬라이스

미리 준비할 재료   ❶리코타 치즈 10g   ❷치미추리 소스 15g
                    ❸채소갱피클 15g   ❹비트케첩 10g

조리도구

칼, 도마, 프라이팬, 푸드 그레이터

조리과정

1. 아보카도와 망고는 껍질과 씨를 제거하고 길게 슬라이스해 놓는다.

2. 팬에 호밀빵을 올리고 2분 30초에서 3분가량 손으로 눌러가며 고루 굽는다.

3. 호밀빵 한쪽에는 미리 만들어둔 ❶리코타 치즈를 바르고, 다른 빵 한쪽에는 미리 만들어둔 ❷치미추리 소스를 바른다.

4. 리코타 치즈를 바른 빵 위에 아가베 시럽을 뿌리고, 아보카도 슬라이스와 망고 슬라이스를 겹치듯이 올린다.

5. 레드페퍼 크러시드를 뿌리고 아몬드 슬라이스를 올린다.

6. 치미추리 소스를 바른 빵 위에 미리 만들어둔 ❸채소갱피클과 아보카도 슬라이스, 미리 만들어둔 ❹비트케첩을 차례로 올린다.

7. 토스트를 반으로 잘라 접시에 담는다.

8. 비건 파르메산 치즈를 그레이터로 갈아 위에 뿌려 완성한다.

TIP

2. 호밀빵을 프라이팬에 구울 때 타지 않게 주의한다.
   프라이팬 대신 토스터기에 구워도 된다.

4~6. 토스트 위에 올리는 토핑의 양은 취향에 따라 가감한다.

난이도	칼로리
하	410kcal
비건	프렙
X	X

연어 스테이크 샌드위치

SALMON STEAK SANDWICH

GI 지수가 낮은 호밀빵 사이에 연어 스테이크를 샌드한 담백한 샌드위치입니다. 연어 스테이크의 맛을 최대한 살리기 위해 소스로는 플레인 요거트와 오이 등을 섞어 만든 차지키 소스와 허브, 마늘, 올리브 오일을 섞어 만든 치미추리 소스를 사용합니다. 아삭한 딜피클과 레몬 드레싱, 비트로 만든 비트케첩 등도 미리 만들어두었다가 요리에 활용합니다. 구운 고구마와 샐러드를 곁들여 든든한 한 끼 식사로 구성했습니다.

미리 준비할 재료

딜피클 (164p 참조), 다시마 숙성 연어 (150p 참조), 차지키 소스 (191p 참조),
치미추리 소스 (193p 참조), 레몬 드레싱 (183p 참조), 비트케첩 (194p 참조)

조리재료 1인분 기준

호밀빵 슬라이스 90g, 고구마 30g, 샐러드믹스 20g, 엑스트라 버진 올리브 오일

미리 준비할 재료
❶딜피클 20g
❸치미추리 소스 15g
❺레몬 드레싱 10g

❷다시마 숙성 연어 100g
❹차지키 소스 25g
❻비트케첩 30g

조리도구

칼, 도마, 프라이팬, 오븐, 쿠킹호일

조리과정

1. 미리 만들어둔 ❶딜피클은 길게 슬라이스해 놓는다.

2. 샐러드믹스를 취향에 따라 배합하여 준비해 놓는다.

3. 쿠킹호일로 감싸 오븐에 구운 고구마를 큐브 형태로 자른다.

4. 큐브 형태로 자른 고구마를 프라이팬에 노릇하게 구워 놓는다.

5. 엑스트라 버진 올리브 오일을 두르고 가열한 프라이팬에 미리 만들어둔 ❷다시마 숙성 연어를 구워 놓는다.

6. 팬에 호밀빵을 올리고 2분 30초에서 3분가량 손으로 눌러가며 고루 굽는다.

7. 호밀빵 한쪽에는 미리 만들어둔 ❸치미추리 소스를 바르고, 다른 빵 한쪽에는 미리 만들어둔 ❹차지키 소스를 바른다.

8. 차지키 소스를 바른 빵 위에 구운 연어를 올리고 1번의 슬라이스한 딜피클을 올린다. 7번의 치미추리 소스를 바른 빵으로 덮는다.

9. 완성된 샌드위치를 반으로 잘라 접시에 담는다. 샐러드믹스를 미리 만들어둔 ❺레몬 드레싱에 버무린 후 접시 한쪽에 담는다.

10. 구운 고구마와 미리 만들어둔 ❻비트케첩을 곁들여 완성한다.

TIP

5. 연어의 익힘 정도에 유의한다.
6. 호밀빵을 프라이팬에 구울 때 타지 않게 주의한다. 프라이팬 대신 토스터기에 구워도 된다.

난이도	칼로리
하	410kcal
비건	프렙
X	X

치킨 핫도그
CHICKEN HOT DOG

닭가슴살 소시지를 넣어 만든 핫도그입니다. GI 지수가 낮은 호밀빵 사이에 칼집을 내고 닭가슴살 소시지를
끼워 핫도그 스타일로 만들었습니다. 플레인 요거트와 오이 등을 섞어 만든 차지키 소스와 비트케첩,
레몬 드레싱은 미리 만들어두었다가 요리에 활용합니다. 미니콥스, 양파, 아보카도, 방울토마토 등을 더해
풍성한 맛을 느낄 수 있습니다. 구운 고구마와 샐러드를 곁들여 든든한 한 끼 식사로 구성했습니다.

미리 준비할 재료

차지키 소스 (191p 참조), 비트케첩 (194p 참조), 레몬 드레싱 (183p 참조)

조리재료 1인분 기준

호밀빵 슬라이스 90g, 닭가슴살 소시지 60g, 고구마 30g, 렐리시 25g,
샐러드믹스 20g, 양파 15g, 아보카도 15g, 미니콥스 10g, 방울토마토 10g,
머스터드 5g

미리 준비할 재료 ❶차지키 소스 5g   ❷비트케첩 35g
                 ❸레몬 드레싱 10g

조리도구

칼, 도마, 프라이팬, 오븐, 쿠킹호일

조리과정

1. 방울토마토, 양파는 다이스하고, 아보카도는 껍질과 씨를 제거하고 슬라이스한다. 미니콥스는 잎을 한 장씩 떼어 손질해 놓는다.

2. 샐러드믹스를 취향에 따라 배합하여 준비해 놓는다.

3. 쿠킹호일로 감싸 오븐에 구운 고구마를 큐브 형태로 자른다.

4. 큐브 형태로 자른 고구마를 프라이팬에 노릇하게 구워 놓는다.

5. 예열한 프라이팬에 소시지를 노릇하게 구워 놓는다.

6. 두툼하게 썬 호밀빵 가운데 칼집을 낸다.

7. 팬에 호밀빵을 올리고 2분 30초에서 3분가량 손으로 눌러가며 고루 굽는다.

8. 빵에 낸 칼집 사이에 미니콥스와 아보카도, 미리 만들어둔 ❶차지키 소스, 소시지, 방울토마토, 양파, 렐리시, 머스터드, 미리 만들어둔 ❷비트케첩을 차례로 올린다.

9. 완성된 핫도그를 접시에 담는다. 샐러드믹스를 미리 만들어둔 ❸레몬 드레싱에 버무린 후 접시 한쪽에 담는다.

10. 구운 고구마와 미리 만들어둔 ❷비트케첩을 곁들여 완성한다.

TIP

6. 호밀빵에 칼집을 깊이 넣으면 빵이 부서질 수 있으니 주의한다.

난이도	칼로리
중	353kcal
비건	프렙
X	X

슈림프 반미 샌드위치

SHRIMP BANH MI SANDWICH

GI 지수가 낮은 호밀빵 사이에 비스크 향을 입힌 비스크 슈림프를 샌드한 베트남식 샌드위치입니다.
비스크 슈림프에 스파이스 럽을 문지르듯이 발라 풍미를 더하며, 아삭한 피클과 레몬드레싱,
플레인 요거트를 베이스로 한 차지키 소스, 비트케첩 등은 미리 만들어두었다가 요리에 활용합니다.
구운 고구마와 샐러드를 곁들여 든든한 한 끼 식사로 구성했습니다.

미리 준비할 재료

비스크 슈림프 (152p 참조), 스파이스 럽 (199p 참조), 차지키 소스 (191p 참조),
채소갱피클 (164p 참조), 고추피클 (164p 참조), 레몬 드레싱 (183p 참조), 비트케첩 (194p 참조)

조리재료 1인분 기준

호밀빵 슬라이스 90g, 샐러드믹스 30g, 고구마 30g, 미니콥스 20g,
찰토마토 20g, 셀러리 10g, 고수 3g, 엑스트라 버진 올리브 오일

미리 준비할 재료
❶비스크 슈림프 80g   ❷스파이스 럽 10g
❸차지키 소스 20g   ❹채소갱피클 25g
❺고추피클 5g   ❻레몬 드레싱 5g
❼비트케첩 30g

조리도구

칼, 도마, 프라이팬, 오븐, 쿠킹호일

조리과정

1. 찰토마토는 통으로 슬라이스하고, 셀러리는 다이스로 썬다. 미니콥스는 잎을 한 장씩 떼어 손질해 놓는다.

2. 샐러드믹스를 취향에 따라 배합하여 준비해 놓는다.

3. 쿠킹호일로 감싸 오븐에 구운 고구마를 큐브 형태로 자른다.

4. 큐브 형태로 자른 고구마를 프라이팬에 노릇하게 구워 놓는다.

5. 미리 만들어둔 ❶비스크 슈림프에 미리 만들어둔 ❷스파이스 럽을 앞뒤로 문지르듯이 바른다.

6. 엑스트라 버진 올리브 오일을 두르고 가열한 프라이팬에 스파이스럽을 바른 비스크 슈림프를 노릇하게 구워 놓는다.

7. 팬에 호밀빵을 올리고 2분 30초에서 3분가량 손으로 눌러가며 고루 굽는다.

8. 호밀빵 두 개 모두 한쪽면에 미리 만들어둔 ❸차지키 소스를 바른다.

9. 차지키 소스를 바른 빵 위에 미니콥스, 찰토마토, 구운 비스크 슈림프를 올린다.

10. 미리 만들어둔 ❹채소갱피클, 셀러리, 미리 만들어둔 ❺고추피클, 고수를 차례로 올리고 나머지 빵으로 덮는다.

11. 완성된 샌드위치를 반으로 잘라 접시에 담는다. 샐러드믹스를 미리 만들어둔 ❻레몬 드레싱에 버무린 후 접시 한쪽에 담는다.

12. 구운 고구마와 미리 만들어둔 ❼비트케첩을 곁들여 완성한다.

이탈리안 닭가슴살 샌드위치

ITALIAN CHICKEN BREAST SANDWICH

난이도	칼로리
중	486kcal
비건	프렙
X	X

GI 지수가 낮은 호밀빵 사이에 간장 소스로 시즈닝한 소이 닭가슴살과 각종 채소를 샌드한 샌드위치입니다.
치즈를 넣지 않고 만든 바질 페스토와 고추, 향신료를 갈아 만든 매콤한 하리사 소스 등을 사용해
이탈리아 요리의 풍미를 살렸습니다. 그 외에 아삭한 딜피클, 레몬 드레싱, 비트케첩 등도 미리
만들어두었다가 요리에 활용합니다. 구운 고구마와 샐러드를 곁들여 든든한 한 끼 식사로 구성했습니다.

미리 준비할 재료

딜피클 (164p 참조), 소이 닭가슴살 (151p 참조), 바질 페스토 (188p 참조),
하리사 소스 (192p 참조), 레몬 드레싱 (183p 참조), 비트케첩 (194p 참조)

조리재료 1인분 기준

호밀빵 슬라이스 90g, 양파 30g, 미니콥스 30g, 샐러드믹스 30g, 고구마 30g,
찰토마토 20g, 블랙올리브 10g, 엑스트라 버진 올리브 오일

미리 준비할 재료   ❶딜피클 18g   ❷소이 닭가슴살 120g
                  ❸바질 페스토 25g   ❹하리사 소스 25g
                  ❺레몬 드레싱 5g   ❻비트케첩 30g

조리도구

칼, 도마, 프라이팬, 오븐, 쿠킹호일

조리과정

1. 양파와 찰토마토는 슬라이스하고, 미리 만들어둔 ❶딜피클, 블랙올리브도 슬라이스한다. 미니콥스는 잎을 한 장씩 떼어 손질해 놓는다.

2. 샐러드믹스를 취향에 따라 배합하여 준비해 놓는다.

3. 쿠킹호일로 감싸 오븐에 구운 고구마를 큐브 형태로 자른다.

4. 큐브 형태로 자른 고구마를 프라이팬에 노릇하게 구워 놓는다.

5. 엑스트라 버진 올리브 오일을 두르고 가열한 프라이팬에 미리 만들어둔 ❷소이 닭가슴살과 슬라이스한 양파를 앞뒤로 노릇하게 굽는다.

6. 구운 소이 닭가슴살은 먹기 좋은 크기로 슬라이스해 놓는다.

7. 팬에 호밀빵을 올리고 2분 30초에서 3분가량 손으로 눌러가며 고루 굽는다.

8. 호밀빵 한쪽에는 미리 만들어둔 ❸바질 페스토를 바르고, 다른 빵 한쪽에는 미리 만들어둔 ❹하리사 소스를 바른다.

9. 바질 페스토를 바른 빵 위에 미니콥스, 찰토마토, 블랙올리브, 구운 소이 닭가슴살, 양파, 슬라이스한 딜피클을 차례로 올리고, 하리사 소스를 바른 빵으로 덮는다.

10. 완성된 샌드위치를 반으로 잘라 접시에 담는다. 샐러드믹스를 미리 만들어둔 ❺레몬 드레싱에 버무린 후 접시 한쪽에 담는다.

11. 구운 고구마와 미리 만들어둔 ❻비트케첩을 곁들여 완성한다.

스낵

SNACK

XXXXXXXXXXXXXXXXXXXXXX

간단하게 자리에서 먹을 수 있는 스낵 형태의 음식을 말합니다.
토르티야와 세 가지 각기 다른 재료를 사용한 타코,
토스트, 다양한 과일과 그래놀라가 어우러진 수퍼볼,
담백한 후무스와 피타브레드 등의 레시피를 수록했습니다.

브런치 토스트
브렉퍼스트 수퍼볼
세 가지 타코
세 가지 후무스와 피타브레드

난이도	칼로리
하	330kcal
비건	프렙
X	X

브런치 토스트

BRUNCH TOAST

GI 지수가 낮은 호밀빵 위에 터키햄과 토마토, 서니 사이드로 익힌 달걀프라이 등이 올라간
브런치 토스트입니다. 치즈를 넣지 않은 바질 페스토와 플레인요거트, 딜, 백오이의 향이 어우러진
차지키 소스를 미리 만들어두었다가 요리에 활용합니다.
사이드로 제철 과일을 곁들여 철분과 비타민 등을 골고루 섭취할 수 있게 구성했습니다.

미리 준비할 재료

바질 페스토 (188p 참조), 차지키 소스 (191p 참조), 레몬 드레싱 (183p 참조)

조리재료 1인분 기준

찰토마토 65g, 호밀빵 슬라이스 50g, 바나나 45g, 터키햄 35g, 샐러드믹스 20g,
자두 20g, 사과 20g, 플레인요거트 20g, 달걀 1개, 아가베 시럽 3g, 소금, 후추

미리 준비할 재료   ❶바질 페스토 10g   ❷차지키 소스 15g
                  ❸레몬 드레싱 10g

조리도구

칼, 도마, 프라이팬

조리과정

1. 찰토마토와 터키햄은 슬라이스하고, 자두, 사과는 큐브 형태로 자른다. 바나나는 두툼하게 슬라이스해 놓는다.

2. 샐러드믹스를 취향에 따라 배합하여 준비해 놓는다.

3. 달걀은 서니 사이드로 프라이하여 준비해 놓는다.

4. 팬에 호밀빵을 올리고 2분 30초에서 3분가량 손으로 눌러가며 고루 굽는다.

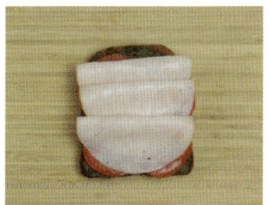

5. 빵 위에 미리 만들어둔 ❶바질 페스토를 바르고, 찰토마토, 터키햄을 올린다.

6. 미리 만들어둔 ❷차지키 소스, 아가베 시럽, 달걀프라이를 차례로 올린다.

7. 완성된 토스트를 접시에 담는다. 한쪽에 자두와 사과, 바나나를 담고 플레인요거트를 뿌린다.

8. 샐러드믹스를 미리 만들어둔 ❸레몬 드레싱에 버무린 후 접시 한쪽에 담아 완성한다.

TIP

3. 달걀 프라이는 취향에 따라 익힘 정도를 조절한다.
4. 호밀빵을 프라이팬에 구울 때 타지 않게 주의한다. 프라이팬 대신 토스터기에 구워도 된다.

난이도	칼로리
하	613kcal
비건	프렙
O	X

브렉퍼스트 수퍼볼

BREAKFAST SUPER BOWL

수퍼푸드인 그래놀라와 다양한 제철 과일을 활용한 메뉴입니다.

본 레시피에서는 블루베리, 라즈베리 등 베리류를 사용했지만,

취향에 따라 원하는 과일이나 제철 과일을 사용해도 좋습니다.

비교적 열량이 높은 편이어서 든든하게 한 끼 식사로 즐기기에 부족함이 없는 메뉴입니다.

그래놀라 80g, 바나나 70g, 플레인요거트 50g, 방울토마토 45g, 사과 40g,
포도 40g, 청포도 40g, 블랙베리 25g, 라즈베리 20g, 블루베리 20g,
건크랜베리 15g, 카카오닙스 5g

조리도구

칼, 도마

조리과정

1. 바나나와 사과는 한입 크기로 썰어 놓는다.

2. 방울토마토는 반으로 자르고, 블루베리와 블랙베리도 준비해 놓는다.

3. 청포도는 반으로 자르고, 포도와 라즈베리도 준비해 놓는다.

4. 볼에 그래놀라를 담는다.

5. 바나나와 사과, 방울토마토, 블루베리, 블랙베리, 청포도, 포도, 라즈베리를 차례로 올린다.

6. 플레인요거트를 붓는다.

7. 건크랜베리와 카카오닙스를 올려 마무리한다.

8. 완성

TIP

1. 과일은 제철 과일을 취향에 따라 사용한다.

난이도	칼로리
중	806kcal
비건	프렙
X	X

세 가지 타코

TACO TRIO

×◇×

밀로 만든 토르티야 위에 새우, 소고기, 닭가슴살을 올린 타코 세 가지를 한 접시에 담았습니다.
스파이스 럽을 바른 비스크 슈림프와 타코 비프, 타코살사를 활용한 비프 타코, 그리고 소이 닭가슴살로 만든
치킨 타코가 소스와 함께 잘 어우러집니다. 과정이 복잡해 보이지만, 재료를 미리 만들어두면 조합만 해서
간단하게 즐길 수 있습니다. 취향에 따라 밀 토르티야 대신 바삭한 콘 타코셸을 사용해도 좋습니다.

미리 준비할 재료

비스크 슈림프 (152p 참조), 스파이스 럽 (199p 참조), 타코 비프 (196p 참조), 소이 닭가슴살 (151p 참조), 차지키 소스 (191p 참조),
고추피클 (164p 참조), 그레인 마리네이드 (159p 참조), 시칠리안 포모도로 소스 (190p 참조), 타코살사 (195p 참조), 하리사 소스 (192p 참조)

조리재료 1인분 기준

밀 토르티야 3개, 아보카도 60g, 양상추 45g, 망고 20g,
엑스트라 버진 올리브 오일 15g, 블랙빈 10g, 고수 3g, 쪽파 1g, 파슬리 1g

미리 준비할 재료 ❶비스크 슈림프 5개   ❷스파이스 럽 약간
❸타코 비프 40g   ❹소이 닭가슴살 50g
❺차지키 소스 25g   ❻고추피클 2g
❼그레인 마리네이드 20g   ❽시칠리안 포모도로 소스 15g
❾타코살사 90g   ❿하리사 소스 15g

조리도구

칼, 도마, 프라이팬

조리과정

1. 망고는 껍질과 씨를 제거해 큐브 형태로 자르고, 아보카도는 껍질과 씨를 제거하고 길게 슬라이스한다. 양상추는 두툼하게 슬라이스하고 쪽파는 0.5cm로 썬다. 파슬리는 잘게 다져 놓는다.

2. 미리 만들어둔 ❶비스크 슈림프에 미리 만들어둔 ❷스파이스 럽을 앞뒤로 문지르듯이 바른다.

3. 엑스트라 버진 올리브 오일을 두르고 예열한 프라이팬에 스파이스 럽을 바른 비스크 슈림프를 올리고 앞뒤로 노릇하게 구워 놓는다.

4. 가열한 프라이팬에 미리 만들어둔 ❸타코 비프를 익혀 놓는다.

5. 가열한 프라이팬에 미리 만들어둔 ❹소이 닭가슴살을 시어링하여 슬라이스해 놓는다.

6. 엑스트라 버진 올리브 오일을 두르고 가열한 프라이팬에 밀 토르티야를 앞뒤로 굽는다.

7. 슈림프 타코 토르티야 위에 양상추 15g, 아보카도 20g, 3번의 구운 비스크 슈림프, 망고 20g, 미리 만들어둔 ❺차지키 소스와 ❻고추피클을 차례로 올린다.

8. 비프 타코 토르티야 위에 양상추 15g, 미리 만들어둔 ❾타코살사 30g, 아보카도 20g, 물기를 제거한 블랙빈 10g, 미리 만들어둔 ❼그레인 마리네이드 20g, 4번의 타코 비프 40g, 미리 만들어둔 ❽시칠리안 포모도로 소스 15g, 쪽파를 차례로 올린다.

9. 치킨 타코 토르티야 위에 양상추 15g, 미리 만들어둔 ❾타코살사 30g, 아보카도 20g, 미리 만들어둔 ❿하리사 소스, 5번의 소이닭가슴살 50g, 미리 만들어둔 ❺차지키 소스, 파슬리를 차례로 올린다.

TIP

3. 럽을 바른 새우는 센불에 오래 가열하면 탈 수도 있으므로 주의한다.
6. 밀 토르티야는 취향에 따라 콘 타코셀로 대체하여 사용할 수 있다.
8. 취향에 따라 타코살사 양을 조절한다.

난이도	칼로리
중	279kcal
비건	프렙
O	X

세 가지 후무스와 피타브레드

HUMMUS TRIO & PITA BREAD

병아리콩을 으깨어 만드는 중동 전통 음식인 후무스를 활용한 비건 영양식입니다.

담백한 피타브레드에 미리 만들어둔 칙피 후무스와 고구마 후무스, 흰 강낭콩 후무스를 곁들여 즐깁니다.

후무스 3종의 각기 다른 맛을 느낄 수 있지요.

미리 만들어둔 타코살사가 있다면, 취향에 따라 곁들여도 좋습니다.

미리 준비할 재료

칙피 후무스 (202p 참조), 그레인 마리네이드 (159p 참조), 고구마 후무스 (202p 참조), 흰 강낭콩 후무스 (202p 참조)

조리재료 1인분 기준

피타브레드(6인치) 1개, 엑스트라 버진 올리브 오일 10g, 바나나 10g,
방울토마토 10g, 사워크림 10g, 루콜라 5g, 바질 1g, 발사믹 리덕션 1g,
파프리카 파우더, 계피가루

미리 준비할 재료　❶칙피 후무스 50g　　❷그레인 마리네이드 5g
　　　　　　　　　❸고구마 후무스 50g　❹흰 강낭콩 후무스 50g

조리도구

칼, 도마, 볼, 프라이팬

조리과정

1. 루콜라와 바질은 길게 슬라이스 하고, 바나나와 방울토마토는 다이스해 놓는다.

2. **첫 번째 후무스** 볼에 미리 만들어둔 ❶칙피 후무스를 담고 엑스트라 버진 올리브 오일을 뿌린다.

3. 미리 만들어둔 ❷그레인 마리네이드, 루콜라, 파프리카 파우더를 차례로 올린다.

4. **두 번째 후무스** 볼에 미리 만들어둔 ❸고구마 후무스를 담고 바나나를 올린다.

5. 사워크림을 차례로 올리고 계피가루를 뿌린다.

6. **세 번째 후무스** 볼에 미리 만들어둔 ❹흰 강낭콩 후무스를 담고 발사믹 리덕션을 올린다.

7. 엑스트라 버진 올리브 오일로 버무린 방울토마토와 바질을 올린다.

8. 가열한 프라이팬에 피타브레드가 부풀어 오를 때까지 앞뒤로 뒤집어가며 굽는다.

9. 받침 접시 위에 후무스 3종을 올리고, 8번의 구운 피타브레드를 곁들여 완성한다.

TIP

6. 발사믹 리덕션이 없다면 발사믹 비네거를 1/3로 졸여 사용할 수도 있다.
9. 후무스와 피타브레드에 타코살사를 곁들여도 좋다.

스테이크 & 로티세리

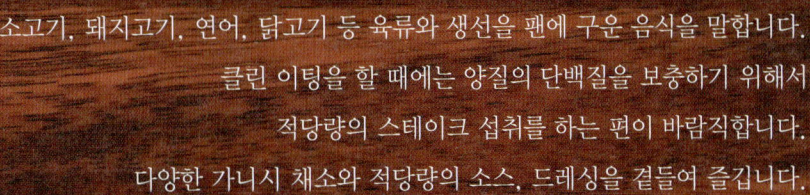

STEAK&ROTISSERIE

소고기, 돼지고기, 연어, 닭고기 등 육류와 생선을 팬에 구운 음식을 말합니다.
클린 이팅을 할 때에는 양질의 단백질을 보충하기 위해서
적당량의 스테이크 섭취를 하는 편이 바람직합니다.
다양한 가니시 채소와 적당량의 소스, 드레싱을 곁들여 즐깁니다.

뉴욕 스트립 스테이크
닭가슴살 스테이크
안심 스테이크와 발사믹 드레싱
연어 스테이크
토시살 스테이크
시리산 폭찹 로스팅
프라임 립 스테이크
토종닭 로스트 홀치킨

난이도	칼로리
중	460kcal
비건	프렙
X	X

뉴욕 스트립 스테이크

NEW YORK STRIP STEAK

등심 부위 중 가장 지방이 적은 채끝 등심 스테이크에 구운 채소를 곁들인 메뉴입니다.

채끝 등심은 실온에 20분가량 유화시켜 팬에 구우며, 채소 또한 미리 팬에 시어링하여 풍미를 살립니다.

스테이크에 곁들이는 소스인 팔레오 스테이크 소스는 미리 만들어두었다가 필요한 만큼만 꺼내 사용합니다.

글루텐을 사용하지 않은 스테이크 소스로, 스테이크 외에도 고기를 사용한 다양한 요리에 곁들이기 좋습니다.

미리 준비할 재료

팔레오 스테이크 소스 (197p 참조)

조리재료 1인분 기준

소고기 채끝 등심 150g, 고구마 100g, 콜리플라워 40g, 찰토마토 35g,
주키니 30g, 가지 30g, 브로콜리니 20g, 새송이버섯 20g,
엑스트라 버진 올리브 오일

미리 준비할 재료 ❶팔레오 스테이크 소스 30g

조리도구

칼, 도마, 프라이팬, 푸드 필러, 오븐, 쿠킹호일

조리과정

1. 주키니, 가지, 새송이버섯은 두툼하게 슬라이스하고, 콜리플라워는 한 송이를 떼어 줄기가 3cm가량 되도록 다듬는다. 브로콜리니는 푸드 필러로 껍질을 벗기고, 찰토마토는 6등분해 놓는다.

2. 고구마는 쿠킹호일로 감싸 190℃로 예열한 오븐에 40분가량 익힌 후 웨지 형태로 잘라 놓는다.

3. 채끝 등심은 실온에 20분가량 두어 조직과 마블링을 유화시켜 놓는다.

4. 엑스트라 버진 올리브 오일을 두르고 가열한 프라이팬에 채소를 시즈닝하여 구워 놓는다.

5. 엑스트라 버진 올리브 오일을 두르고 가열한 프라이팬에 채끝 등심을 원하는 익힘 정도로 앞뒤로 노릇하게 굽는다.

6. 접시 한쪽에 구운 채소를 담고 팬에 구운 스테이크를 올린다.

7. 스테이크 옆에 미리 만들어둔 ❶ 팔레오 스테이크 소스를 담아 완성한다.

TIP

5-1. 스테이크용 온도계를 사용하면 익힘 정도를 비교적 정확히 측정할 수 있다.
    (블루레어 46~49℃, 레어 52~55℃, 미디엄레어 55~60℃,
    미디엄 60~65℃, 미디엄웰던 65~69℃, 웰던 71℃ 이상)

5-2. 스테이크는 센불에 시어링해야 표면에 크러스트가 형성되어 좋은 식감과 육즙을 만들 수 있다.

난이도	칼로리
중	579kcal
비건	프렙
X	X

닭가슴살 스테이크

CHICKEN BREAST STEAK

간장 베이스 양념에 담가 만든 소이 닭가슴살 사이에 비건 치즈와 터키 햄을 채워 샌드위치처럼 만든
닭가슴살 스테이크입니다. 치즈와 햄 외에도 취향에 따라 스테이크 속 재료를 다양하게 채워도 좋습니다.
미리 만들어둔 시칠리안 포모도로와 글루텐과 버터를 넣지 않고 만든 레드커리 소스를 곁들이며,
소테한 채소와 어우러져 풍부한 풍미를 느낄 수 있습니다.

미리 준비할 재료

소이 닭가슴살 (151p 참조), 시칠리안 포모도로 소스 (190p 참조), 레드커리 소스 (200p 참조)

조리재료 1인분 기준

적양파 30g, 양송이버섯 30g, 브로콜리니 30g, 주키니 30g, 적파프리카 25g,
터키햄 25g, 비건 체다 치즈 20g, 마늘 10g, 엑스트라 버진 올리브 오일 10g,
블랙올리브 10g, 레드페퍼 크러시드, 소금, 후추

미리 준비할 재료 ❶소이 닭가슴살 1개
❷시칠리안 포모도로 소스 170g
❸레드커리 소스 30g

조리도구

칼, 도마, 프라이팬, 푸드 필러

조리과정

1. 주키니, 파프리카, 적양파, 블랙올
리브, 마늘은 슬라이스하고, 양송이
버섯은 4등분한다. 브로콜리니는 푸
드 필러로 껍질을 벗겨 놓는다.

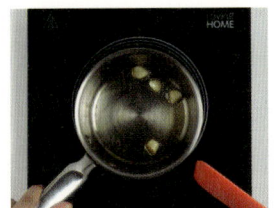

2. 엑스트라 버진 올리브 오일을 두
르고 가열한 프라이팬에 마늘을 소
테한다.

3. 마늘이 연한 갈색빛을 띠면 주키
니, 파프리카, 적양파, 양송이버섯,
블랙올리브, 레드페퍼 크러시드를
넣고 소테한다.

4. 채소가 절반 정도 익으면 미리
만들어둔 ❷시칠리안 포모도로 소스
와 미리 만들어둔 ❸레드커리 소스
를 넣고 졸인다.

5. 소금, 후추로 시즈닝한 후 약한
불로 웜 시켜 놓는다.

6. 미리 만들어둔 ❶소이 닭가슴살
에 버터플라이 하듯 칼집을 넣는다.
그 사이에 터키햄 슬라이스와 비건
체다 치즈를 끼워 놓는다.

7. 엑스트라 버진 올리브 오일을 두
르고 가열한 프라이팬에 속을 채운
닭가슴살을 올리고 앞뒤로 시어링한
다. 프라이팬 한쪽에 브로콜리니를
함께 굽는다.

8. 접시에 5번의 소스를 담고, 7번
의 팬에 구운 닭가슴살을 2등분하여
올린다.

9. 구운 브로콜리니를 올려 완성한
다.

TIP

4. 포모도로 소스의 채소는 너무 무르지 않고 식감이 살아 있도록 익힌다.
5. 웜 시키기: 약한 불에 올려 따뜻한 정도로 온도를 유지하거나 플레이팅 직전에 오븐에 살짝 데운다.
6. 닭가슴살 속 재료에 들어가는 비건 치즈 대신 좋아하는 치즈로 변경해도 된다.

난이도	칼로리
중	468kcal
비건	프렙
X	X

안심 스테이크와 발사믹 드레싱

TENDERLOIN STEAK & BALSAMIC DRESSING

발사믹 드레싱을 곁들인 이탈리아식 안심 스테이크입니다. 스테이크를 굽다가 타임, 로즈마리 등의 허브를
스테이크 위에 올려 허브 향을 입히는 것이 포인트! 여기에 루콜라와 그라나 파다노 치즈를 곁들여
조화로운 맛을 꾀했습니다. 발사믹 비네거에 엑스트라 버진 올리브 오일을 섞은
이탈리아 대표 드레싱인 발사믹 비네거 드레싱을 미리 만들어두었다가 곁들입니다.

미리 준비할 재료

발사믹 비네거 드레싱 (185p 참조)

조리재료 1인분 기준

소고기 안심 150g, 고구마 100g, 방울토마토 20g, 루콜라 15g, 샬롯 15g,
엑스트라 버진 올리브 오일 10g, 홍고추 5g, 그라나 파다노 치즈 3g,
타임 2g, 로즈마리 2g, 소금, 후추

미리 준비할 재료 ❶발사믹 비네거 드레싱 50g

조리도구

칼, 도마, 푸드 필러, 오븐, 쿠킹호일

조리과정

1. 방울토마토는 4등분하고 홍고추는 큼직하게 썬다. 샬롯은 껍질째 2등분한다. 그라나 파다노 치즈는 푸드 필러로 슬라이스한다. 루콜라는 잎을 떼어 손질해 놓는다.

2. 고구마는 쿠킹호일로 감싸 190℃로 예열한 오븐에 40분가량 익힌 후 웨지 형태로 잘라 놓는다.

3. 소고기 안심은 실온에 20분가량 두어 조직과 마블링을 유화시켜 놓는다.

4. 엑스트라 버진 올리브 오일을 두르고 가열한 프라이팬에 소금, 후추로 시즈닝한 소고기 안심을 올리고 한쪽면을 시어링한다.

5. 스테이크 한쪽면을 원하는 익힘 정도로 굽고 뒤집는다.

6. 타임, 로즈마리, 홍고추, 샬롯 등을 뒤집은 스테이크에 향을 입힌다. 채소와 허브가 적당히 색이 나면 스테이크 위에 올리고, 스테이크를 원하는 정도로 익힌다.

7. 프라이팬 한쪽에 웨지 형태로 2등분한 고구마를 굽는다.

8. 스테이크가 적당히 구워지면 드레인팬이나 그릇에 옮겨 3~4분가량 레스팅한다.

9. 레스팅이 끝나면 위에 올린 채소와 허브를 제거한 후 스테이크를 2등분한다.

10. 접시에 미리 만들어둔 ❶발사믹 비네거 드레싱을 뿌린다. 루콜라, 방울토마토, 그라나 파다노 치즈, 고구마를 올린 후 스테이크를 담아 완성한다.

TIP

5. 스테이크용 온도계를 사용하면 익힘 정도를 비교적 정확히 측정할 수 있다.
   (블루레어 46~49℃, 레어 52~55℃, 미디엄레어 55~60℃,
   미디엄 60~65℃, 미디엄웰던 65~69℃, 웰던 71℃ 이상)

10. 스테이크 위에 소금을 올리고, 취향에 따라 엑스트라 버진 올리브 오일을 뿌려 완성한다.

난이도	칼로리
중	490kcal
비건	프렙
X	O

연어 스테이크

SALMON STEAK

다시마로 숙성하여 감칠맛이 뛰어난 연어를 노릇하게 구워낸 후 구운 채소를 곁들인 연어 스테이크입니다.

다시마로 감싸 하루 정도 숙성한 다시마 숙성 연어를 미리 만들어두었다가 활용합니다.

훈제 연어가 아닌 껍질째 판매하는 횟감용 연어를 사용하는 것이 포인트! 오렌지 과즙에 곱게 다진 딜과

디종 머스터드 등을 섞은 상큼한 오렌지 딜 소스가 연어 스테이크와 잘 어우러집니다.

미리 준비할 재료

다시마 숙성 연어 (150p 참조), 오렌지 딜소스 (198p 참조)

조리재료 1인분 기준

고구마 100g, 콜리플라워 40g, 찰토마토 35g, 주키니 30g, 가지 30g,
브로콜리니 20g, 새송이버섯 20g, 엑스트라 버진 올리브 오일

미리 준비할 재료   ❶다시마 숙성 연어 150g   ❷오렌지 딜소스 30g

조리도구

칼, 도마, 프라이팬, 푸드 필러, 오븐

조리과정

1. 주키니, 가지, 새송이버섯은 두툼
하게 슬라이스하고, 콜리플라워는
한 송이를 떼어 줄기가 3cm가량 되
도록 다듬는다. 브로콜리니는 푸드
필러로 껍질을 벗기고, 찰토마토는
6등분해 놓는다.

2. 고구마는 쿠킹호일로 감싸 190℃
로 예열한 오븐에 40분가량 익힌 후
길게 반으로 잘라 놓는다.

3. 엑스트라 버진 올리브 오일을 두
르고 가열한 프라이팬에 채소를 시
즈닝하여 앞뒤로 노릇하게 구워 놓
는다.

4. 엑스트라 버진 올리브 오일을 두
르고 가열한 프라이팬에 미리 만들
어둔 ❶다시마 숙성 연어가 완전히
익을 때까지 앞뒤로 굽는다.

5. 접시 한쪽에 구운 채소를 담는다.

6. 한쪽에 연어 스테이크를 올린다.

7. 연어 스테이크 옆에 미리 만들어
둔 ❷오렌지 딜소스를 담아 완성한
다.

TIP

4. 연어는 껍질이 있는 상태로 사용하며, 구울 때는 껍질 쪽을 먼저 굽는다.
이렇게 하면 껍질 부분을 더욱 크리스피하게 익힐 수 있으며,
생선살 수축 현상을 막을 수 있다.

난이도	칼로리
중	420kcal
비건	프렙
X	X

토시살 스테이크

BUTCHER'S CUT STEAK

맛있어서 정육업자가 몰래 숨겨 두었다 먹었다는 소 토시살을 활용한 붓처스 컷 스테이크입니다.

스테이크를 굽다가 타임과 로즈마리 등의 허브를 스테이크 위에 올려 허브 향을 입히는 것이 포인트!

여기에 시즈닝한 케일과 방울토마토 등을 곁들여 풍부한 풍미를 느낄 수 있습니다.

소스로는 허브와 마늘, 올리브 오일 등을 섞은 치미추리 소스를 미리 만들어두었다가 활용합니다.

미리 준비할 재료

토시살 (154p 참조), 치미추리 소스 (193p 참조)

조리재료 1인분 기준

아스파라거스 120g, 방울토마토 50g, 뉴그린케일 25g, 샬롯 15g,
엑스트라 버진 올리브 오일 10g, 홍고추 5g, 타임 2g, 로즈마리 2g, 소금, 후추

미리 준비할 재료   ❶토시살 150g   ❷치미추리 소스 15g

조리도구

칼, 도마, 프라이팬, 푸드 필러

조리과정

1. 방울토마토는 깨끗이 씻고, 뉴그린케일은 잎부분만 자른다. 홍고추는 큼직하게 썰고, 샬롯은 껍질째 2등분한다. 아스파라거스는 푸드 필러로 껍질을 벗겨 놓는다.

2. 미리 만들어둔 ❶토시살은 실온에 20분가량 두어 조직과 마블링을 유화시킨다.

3. 엑스트라 버진 올리브 오일을 두르고 가열한 프라이팬에 소금, 후추로 시즈닝한 토시살을 올리고 한쪽 면을 시어링한다.

4. 스테이크 한쪽면을 원하는 익힘 정도로 굽고 뒤집는다.

5. 스테이크 옆에 타임, 로즈마리, 홍고추, 샬롯 등을 굽다가 적당한 색이 나면 스테이크 위에 올려 향을 입힌다.

6. 스테이크 옆에 아스파라거스와 방울토마토, 뉴그린케일을 시즈닝하여 구워 놓는다.

7. 고기만 꺼내서 드레인팬으로 옮겨 3~4분가량 레스팅한다.

8. 레스팅이 끝난 토시살 스테이크를 약 1.5cm 두께로 썬다.

9. 접시에 구운 아스파라거스와 방울토마토, 뉴그린케일을 차례로 담고, 토시살 스테이크를 올린다.

10. 미리 만들어둔 ❷치미추리 소스를 뿌려 완성한다.

TIP

3. 스테이크용 온도계를 사용하면 익힘 정도를 비교적 정확히 측정할 수 있다. (블루레어 46~49℃, 레어 52~55℃, 미디엄레어 55~60℃, 미디엄 60~65℃, 미디엄웰던 65~69℃, 웰던 71℃ 이상)
6. 채소를 구울 때는 너무 무르지 않도록 식감을 살려 굽는다.

난이도	칼로리
상	560kcal
비건	프렙
X	X

지리산 폭찹 로스팅

JIRISAN PORK CHOP ROAST

지리산에서 키운 흑돼지 등심에 허브 향이 더해진 로스팅 버터를 골고루 덮어 구운 메뉴입니다.
미리 만들어둔 로스팅 버터를 폭찹에 고루 발라 풍미가 더욱 진해지고 부드러운 감칠맛을 더합니다.
소스로는 글루텐 프리의 팔레오 스테이크 소스와 허브, 마늘, 올리브 오일 등을 섞은 치미추리 소스를 미리
만들어두었다가 활용합니다. 큼직하게 썬 새송이버섯과 주키니, 가지 등의 채소를 구워 가니시로 곁들입니다.

미리 준비할 재료

로스팅 버터 (203p 참조), 팔레오 스테이크 소스 (197p 참조), 치미추리 소스 (193p 참조)

조리재료 2인분 기준

지리산 돼지 뼈등심 450g, 고구마 200g, 콜리플라워 80g, 찰토마토 70g,
주키니 60g, 가지 60g, 브로콜리니 40g, 새송이버섯 40g,
엑스트라 버진 올리브 오일, 소금, 후추

미리 준비할 재료   ❶로스팅 버터 100g   ❷팔레오 스테이크 소스 30g
              ❸치미추리 소스 30g

조리도구

칼, 도마, 프라이팬, 푸드 필러, 오븐, 쿠킹호일

조리과정

1. 주키니, 가지, 새송이버섯은 두툼
하게 슬라이스하고, 콜리플라워는
한 송이를 떼어 줄기가 3cm가량 되
도록 다듬는다. 브로콜리니는 푸드
필러로 껍질을 벗기고, 찰토마토는
6등분해 놓는다.

2. 고구마는 쿠킹호일로 감싸 190℃
로 예열한 오븐에 40분가량 익힌 후
길게 반으로 잘라 놓는다.

3. 폭찹은 지방과 기름막을 제거하
여 준비한다.

4. 손질한 폭찹에 미리 만들어둔 ❶
로스팅 버터를 바르고, 취향에 따라
소금 양을 조절하여 뿌린다.

5. 드레인팬에 로스팅 버터를 바른
폭찹을 올리고 250℃로 예열한 오븐
에 40분가량 로스팅한다.

6. 로스팅이 끝난 폭찹은 쿠킹호일
로 덮어 10분가량 레스팅한다.

7. 엑스트라 버진 올리브 오일을 두
르고 가열한 프라이팬에 채소를 시
즈닝하여 굽는다.

8. 접시에 구운 채소를 담는다.

9. 폭찹을 담고 미리 만들어둔 ❷팔
레오 스테이크 소스와 ❸치미추리
소스를 곁들여 완성한다. 폭찹은 뼈
를 중심으로 인원수에 맞춰 썰어 나
누어 먹는다.

TIP

5. 돼지고기 특성상 웰던으로 요리해야 하므로 익힘에 주의한다.
9. 폭찹에 마멀레이드나 처트니를 곁들여도 좋다.

난이도	칼로리
상	670kcal
비건	프렙
X	X

프라임 립 스테이크
PRIME RIB STEAK

매콤한 스파이스 럽으로 시즈닝한 꽃등심을 오븐에 구워낸 로스트 비프 스테이크입니다. 스파이스 럽은
파프리카 파우더, 칠리 시즈닝, 마늘 가루, 케이엔페퍼 등 매운 향신료를 혼합하여 미리 만들어둡니다.
글루텐 프리의 팔레오 스테이크 소스와 치미추리 소스 등도 미리 만들어두었다가 스테이크에
곁들여 즐깁니다. 큼직하게 썬 새송이버섯과 주키니, 가지 등의 채소를 구워 가니시로 활용합니다.

미리 준비할 재료

스파이스 럽 (199p 참조), 팔레오 스테이크 소스 (197p 참조), 치미추리 소스 (193p 참조)

조리재료 2인분 기준

소고기 꽃등심 400g, 고구마 200g, 콜리플라워 80g, 찰토마토 70g, 주키니 60g, 가지 60g, 브로콜리니 40g, 새송이버섯 40g

미리 준비할 재료 ❶스파이스 럽 20g   ❷팔레오 스테이크 소스 30g
❸치미추리 소스 30g

조리도구

칼, 도마, 프라이팬, 푸드 필러, 오븐, 쿠킹호일

조리과정

1. 주키니, 가지, 새송이버섯은 두툼하게 슬라이스하고, 콜리플라워는 한 송이를 떼어 줄기가 3cm가량 되도록 다듬는다. 브로콜리니는 푸드 필러로 껍질을 벗기고, 찰토마토는 6등분해 놓는다.

2. 고구마는 쿠킹호일로 감싸 190℃로 예열한 오븐에 40분가량 익힌 후 길게 반으로 잘라 놓는다.

3. 꽃등심은 미리 만들어둔 ❶스파이스 럽으로 문지르듯이 시즈닝한다.

4. 드레인팬에 시즈닝한 꽃등심을 올리고 250℃로 예열한 오븐에 25~30분가량 로스팅한다.

5. 로스팅이 끝난 꽃등심은 쿠킹호일로 덮어 10분가량 레스팅한다.

6. 엑스트라 버진 올리브 오일을 두르고 가열한 프라이팬에 채소를 시즈닝하여 굽는다.

7. 접시에 구운 채소를 담는다.

8. 프라임 립 스테이크를 올리고 미리 만들어둔 ❷팔레오 스테이크 소스와 ❸치미추리 소스를 곁들여 완성한다.

TIP

3. 스파이스 럽은 수분이 침투하면 쉽게 타버리므로 가능하면 쿠킹하기 직전에 시즈닝한다.

4. 럽을 바른 고기를 로스팅할 때 럽이 탄 듯한 색깔이 난다. 탄 듯한 색을 원치 않으면 10분가량 로스팅한 후 쿠킹호일로 덮어서 굽는다.

난이도	칼로리
상	948kcal
비건	프렙
X	X

토종닭 로스트 홀치킨

ROAST CHICKEN

토종닭을 통째로 오븐에서 구워낸 터프한 요리로, 토종닭의 쫄깃하고 부드러운 식감을 느낄 수 있습니다.
버터에 빵가루, 허브 등을 넣어 만든 허브 빵가루를 닭 안에 넣어 풍성한 맛을 더합니다.
소스로는 튀니지 고유의 매콤한 소스인 하리사 소스와 시큼하고 고소한 풍미의 차지키 소스를 미리
만들어두었다가 곁들입니다. 큼직하게 썬 새송이버섯과 주키니, 가지 등의 채소를 구워 가니시로 활용합니다.

미리 준비할 재료

허브 빵가루 (204p 참조), 하리사 소스 (192p 참조), 차지키 소스 (191p 참조)

조리재료   2인분 기준

토종닭 1.5kg (1마리), 고구마 200g, 콜리플라워 80g, 찰토마토 70g,
주키니 60g, 가지 60g, 브로콜리니 40g, 새송이버섯 40g, 아가베 시럽 10g,
엑스트라 버진 올리브 오일, 소금, 후추

미리 준비할 재료   ❶허브 빵가루 100g   ❷하리사 소스 10g
                   ❸차지키 소스 20g

조리도구

칼, 도마, 프라이팬, 푸드 필러, 오븐, 조리용 실

조리과정

1. 주키니, 가지, 새송이버섯은 두툼하게 슬라이스하고, 콜리플라워는 한 송이를 떼어 줄기가 3cm가량 되도록 다듬는다. 브로콜리니는 푸드 필러로 껍질을 벗기고, 찰토마토는 6등분해 놓는다.

2. 고구마는 쿠킹호일로 감싸 190℃로 예열한 오븐에 40분가량 익힌 후 길게 반으로 잘라 놓는다.

3. 토종닭은 날개와 기름막, 모래주머니를 제거한다.

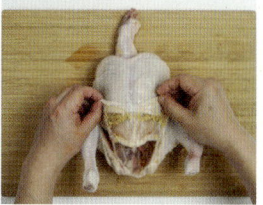

4. 손질한 토종닭의 가슴살과 껍질 사이에 미리 만들어둔 ❶허브 빵가루를 채우고, 취향에 따라 소금 양을 조절하여 뿌린다.

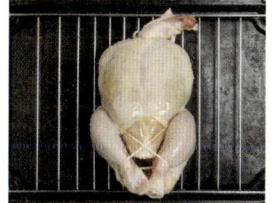

5. 조리용 실로 다리와 몸통을 단단하게 묶고, 올리브 오일을 닭 표면에 바른다.

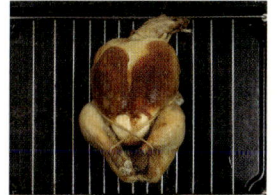

6. 드레인팬에 허브 빵가루를 스터핑한 토종닭을 올리고 190℃로 예열한 오븐에 30분가량 로스팅한다. 오븐에서 닭을 꺼내 뒤집은 후 20분가량 더 로스팅한다.

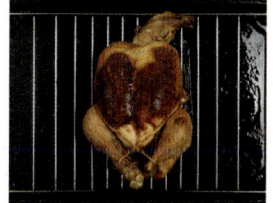

7. 로스팅이 끝난 토종닭은 10분가량 레스팅한다.

8. 엑스트라 버진 올리브 오일을 두르고 가열한 프라이팬에 채소를 시즈닝하여 굽는다.

9. 접시에 구운 채소를 담는다.

10. 로스트 치킨을 썰어 담고 미리 만들어둔 ❷하리사 소스와 ❸차지키 소스, 아가베 시럽을 섞어 만든 소스를 곁들여 완성한다.

TIP

3. 닭냄새를 제거할 때 레몬을 사용하면 좋다.
4. 닭 껍질 사이에 허브 빵가루를 넣을 때 중간에 공기가 들어가지 않도록 한다. 공기가 들어가면 로스팅 도중 압력으로 닭 껍질이 터질 수 있다.
5. 닭을 오븐에서 구울 때 모양이 뒤틀리는 것을 막기 위해서 조리용 실로 단단히 묶어준다.

브런치

BRUNCH

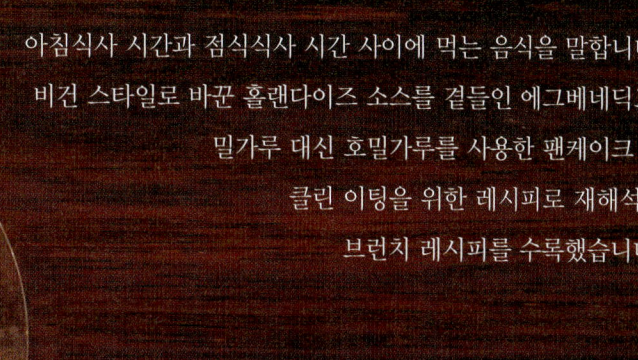

아침식사 시간과 점식식사 시간 사이에 먹는 음식을 말합니다

비건 스타일로 바꾼 홀랜다이즈 소스를 곁들인 에그베네딕트

밀가루 대신 호밀가루를 사용한 팬케이크 등

클린 이팅을 위한 레시피로 재해석한

브런치 레시피를 수록했습니다

오야코동

비건 홀렌다이즈 에그베네딕트

바나나 팬케이크

수플레 오믈렛

난이도	칼로리
중	662kcal
비건	프렙
X	X

오야코동

OYAKODON

일본식 덮밥인 돈부리의 일종으로, 흑미밥 위에 닭고기와 수란을 토핑으로 얹어 먹는 음식입니다.
닭고기를 비롯해 양파, 표고버섯, 방울토마토, 수란 등이 들어가 풍성한 맛을 느낄 수 있습니다.
간장과 건표고버섯, 가쓰오부시 등을 넣은 맛간장과 각종 채소를 우린 저칼로리 채소육수를
미리 만들어두었다가 요리에 활용해 감칠맛을 더합니다.

미리 준비할 재료

맛간장 (205p 참조), 채소육수 (189p 참조)

닭정육 150g, 흑미밥 140g, 양파 50g, 방울토마토 30g, 표고버섯 20g,
달걀 2개, 쪽파 15g, 마늘 10g, 참기름 3g, 김가루 2g,
엑스트라 버진 올리브 오일, 소금, 후추

미리 준비할 재료   ❶맛간장 25g   ❷채소육수 80g

조리도구

칼, 도마, 프라이팬

조리과정

1. 닭정육의 겉껍질을 벗겨 손질한다.

2. 손질한 닭정육은 한입 크기로 자르고, 양파와 표고버섯은 슬라이스한다. 쪽파는 적당한 크기로 자르고 방울토마토와 마늘은 4등분해 놓는다.

3. 냄비에 물을 넣고 끓이다가 물이 끓어 오르면 불을 끄고 달걀을 담가 둔다. 물이 완전히 식은 후 달걀 껍질을 벗겨 수란을 만들어 놓는다.

4. 달걀은 풀어 놓는다.

5. 엑스트라 버진 올리브 오일을 두르고 가열한 프라이팬에 마늘을 넣고 볶다가 닭정육을 넣고 색이 날 때까지 볶는다. 소금과 후추를 넣어 간을 맞춘다.

6. 표고버섯과 양파를 넣고 볶는다. 참기름을 두르고 미리 만들어둔 ❶맛간장과 ❷채소육수를 넣고 끓인다.

7. 손질한 쪽파와 방울토마토를 넣는다.

8. 풀어 놓은 달걀물을 넣고 자작하게 끓여 놓는다.

9. 접시에 흑미밥을 담는다.

10. 밥 위에 8번의 자작하게 끓인 소스를 붓는다.

11. 맨 위에 수란을 올린다.

12. 김가루와 쪽파를 얹어 완성한다.

난이도	칼로리
중	653kcal
비건	프렙
X	O

비건 홀렌다이즈 에그베네딕트

VEGAN HOLLANDAISE EGG BENEDICT

대표적인 브런치 메뉴인 에그베네딕트로, 수란과 햄, 연어를 곁들입니다. 연어는 다시마로 감싸 하루 정도 숙성 후 사용해 감칠맛을 더합니다. 소스로는 버터와 달걀을 사용하지 않은 비건 홀렌다이즈를 미리 만들어두었다가 곁들입니다. 사이드에 곁들이는 샐러드 드레싱으로는 사과를 숙성시켜 만든 비네거를 활용한 애플 사이더 드레싱을 미리 만들어두었다가 사용합니다.

미리 준비할 재료

리코타 치즈 (160p 참조), 다시마 숙성 연어 (150p 참조), 비건 홀렌다이즈 (207p 참조), 애플 사이더 드레싱 (182p 참조)

조리재료　1인분 기준

아스파라거스 75g, 플레인요거트 60g, 호밀빵 슬라이스 40g, 샐러드믹스 20g,
아보카도 20g, 터키햄 20g, 카사바칩 20g, 그래놀라 15g, 달걀 2개,
아가베시럽 10g, 케이퍼 3g, 엑스트라 버진 올리브 오일, 소금, 후추

미리 준비할 재료　❶리코타 치즈 20g　　❷다시마 숙성 연어 40g
　　　　　　　　　❸비건 홀렌다이즈 20g　❹애플 사이더 드레싱 10g

조리도구

칼, 도마, 프라이팬, 냄비, 푸드 필러, 몰드

조리과정

1. 아보카도와 터키햄은 슬라이스하고, 아스파라거스는 푸드필러로 껍질을 벗겨 잘라 놓는다.

2. 엑스트라 버진 올리브 오일을 두르고 가열한 프라이팬에 손질한 아스파라거스를 구워 놓는다.

3. 냄비에 물을 넣고 끓이다가 물이 끓어 오르면 불을 끄고 달걀을 담가 둔다. 물이 완전히 식은 후 달걀 껍질을 벗겨 수란을 만들어 놓는다.

4. 호밀빵은 몰드로 찍어 원형 모양을 만든다.

5. 팬에 호밀빵을 올리고 2분 30초에서 3분가량 손으로 눌러가며 고루 굽는다.

6. 엑스트라 버진 올리브 오일을 두르고 가열한 프라이팬에 슬라이스한 터키햄을 구워 놓는다.

7. 구운 호밀빵에 미리 만들어둔 ❶리코타 치즈를 바르고 아가베시럽을 뿌린다.

8. 7번의 호밀빵 위에 아스파라거스를 올리고 그 위에 구운 터키햄과 수란을 차례로 올린다.

9. 다른 호밀빵 위에는 슬라이스한 아보카도와 미리 만들어둔 ❷다시마 숙성 연어, 수란을 차례로 올린다.

10. 접시에 완성된 요리를 올린 후 미리 만들어둔 ❸비건 홀렌다이즈를 뿌린다.

11. 연어가 올라간 호밀빵 위에 케이퍼를 얹는다.

12. 샐러드와 플레인요거트, 그래놀라, 카사바칩을 담아 완성한다. 샐러드에 미리 만들어둔 ❹애플 사이더 드레싱을 뿌린다.

난이도	칼로리
중	684kcal
비건	프렙
X	X

바나나 팬케이크

BANANA PANCAKE

달콤한 바나나와 달걀, 호밀가루 등을 넣은 반죽으로 만드는 바나나 팬케이크입니다. GI 지수를 고려하여
밀가루 대신 호밀가루를 사용해 밀가루 부담을 줄였습니다. 여기에 블랙베리, 라즈베리, 레드커런트,
블루베리 등 각종 베리를 곁들여 상큼한 맛을 더합니다. 사이드에 곁들이는 샐러드 드레싱으로는
사과를 숙성시켜 만든 비네거를 활용한 애플 사이더 드레싱을 미리 만들어두었다가 사용합니다.

미리 준비할 재료

애플 사이더 드레싱 (182p 참조)

조리재료 1인분 기준

바나나 500g, 달걀 240g, 플레인요거트 40g, 호밀가루 40g, 샐러드 20g,
사탕수수당 20g, 카사바칩 20g, 아가베시럽 20g, 블랙베리 20g, 라즈베리 20g,
레드커런트 20g, 그래놀라 15g, 블루베리 10g, 버터 10g,
시나몬파우더 1g, 슈가파우더 1g

미리 준비할 재료 ❶애플 사이더 드레싱 10g

조리도구

칼, 도마, 프라이팬, 블렌더, 볼, 토치

조리과정

1. 바나나 1개는 슬라이스하고, 나머지 1개는 세로로 길쭉하게 반으로 잘라 놓는다.

2. 1번의 손질한 바나나에 사탕수수당을 뿌리고 토치로 캐러멜라이징해 놓는다.

3. 볼에 플레인요거트와 아가베시럽을 넣고 섞어 놓는다.

4. 또 다른 바나나 1개를 세로로 길쭉하게 반으로 자르고 호밀가루, 달걀, 천연당, 시나몬파우더를 준비한다.

5. 블렌더에 4번의 준비한 재료를 넣고 곱게 간다.

6. 프라이팬에 버터를 두른 후 반죽을 부어 약불에 굽는다. 총 세 장을 구워 놓는다.

7. 접시에 팬에 구운 팬케이크 한 장을 깔고, 2번의 캐러멜라이징한 바나나 슬라이스를 올린다.

8. 그 위에 3번의 섞은 플레인요거트와 아가베시럽을 뿌린다.

9. 마찬가지로 그 위에 팬케이크 한 장을 올리고, 7번과 8번의 과정을 반복한다. 마지막에 팬케이크 한 장을 더 올린다.

10. 2번의 세로로 길쭉하게 반으로 잘라 토치로 캐러멜라이징한 바나나 2개를 위에 올린다.

11. 준비한 블루베리, 블랙베리, 라즈베리, 레드커런트 등을 올리고 슈가파우더를 뿌린다.

12. 샐러드와 플레인요거트, 그래놀라, 카사바칩을 담아 완성한다. 샐러드에 미리 만들어둔 ❶애플 사이더 드레싱을 뿌린다.

난이도	칼로리
상	346kcal
비건	프렙
X	X

수플레 오믈렛

SOUFFLE OMELETTE

수플레처럼 푹신하게 부풀어 오르는 모양새가 특징인 오믈렛으로, 입안에서 사르르 녹는 식감을
느낄 수 있습니다. 또한 오믈렛 안에 새우와 터키햄 등을 넣어 단백질을 더했습니다. 오븐이 아니라
프라이팬에 구워 집에서도 간단하게 만들 수 있는 요리지요. 사이드에 곁들이는 샐러드 드레싱으로는
사과를 숙성시켜 만든 비네거를 활용한 애플 사이더 드레싱을 미리 만들어두었다가 사용합니다.

미리 준비할 재료

애플 사이더 드레싱 (182p 참조)

조리재료 1인분 기준

달걀 180g, 새우 40g, 플레인요거트 40g, 사탕수수당 30g, 샐러드 20g,
아스파라거스 20g, 터키햄 20g, 그래놀라 15g, 카사바칩 15g, 버터 10g,
엑스트라 버진 올리브 오일, 소금, 후추

미리 준비할 재료   ❶애플 사이더 드레싱 10g

조리도구

칼, 도마, 프라이팬, 푸드 필러, 핸드믹서

조리과정

1. 새우는 흐르는 물에 깨끗이 씻어 큐브 사이즈로 자르고, 아스파라거스는 푸드 필러로 껍질을 벗겨 큐브 사이즈로 자른다. 터키햄도 큐브 사이즈로 자른다.

2. 엑스트라 버진 올리브 오일을 두르고 가열한 프라이팬에 손질한 새우와 아스파라거스, 터키햄을 볶는다.

3. 달걀은 흰자와 노른자를 분리한다.

4. 볼에 달걀 흰자와 사탕수수당을 넣고 핸드믹서로 머랭을 친다.

5. 어느 정도 머랭이 올라오면 달걀 노른자를 넣고 섞는다.

6. 프라이팬에 버터를 두른 후 5번의 머랭 반죽을 올린다.

7. 평평하게 퍼지도록 한 후 뚜껑을 덮고 약불에 6~7분가량 머랭이 충분히 올라올 때까지 굽는다.

8. 부풀어 오르면 2번의 프라이팬에 볶은 새우와 아스파라거스, 터키햄을 넣는다.

9. 접시에 옮겨 담으면서, 수플레를 반으로 접어 덮는다.

10. 샐러드와 플레인요거트, 그래놀라, 카사바칩을 담아 완성한다. 샐러드에 미리 만들어둔 ❶애플 사이더 드레싱을 뿌린다.

TIP

7. 머랭 반죽을 구울 때는 약불에 천천히 익히는 것이 중요하다.
10. 플레인요거트와 그래놀라는 요거트병에 담아 플레이팅하는 것이 깔끔하다.

프로틴

PROTEIN

××××××××××××××××××××××××××××××

신선한 채소와 복합탄수화물 외의 단백질을 보충해 줄 수 있는 요리 재료입니다.
단백질이 풍부하며 지방함량이 낮거나 몸에 쌓이지 않는
불포화 지방으로 구성됩니다.
주로 양질의 단백질이 풍부한 살코기와
불포화 지방이 풍부한 생선 등이 이에 속합니다.

다시마 숙성 연어
소이 닭가슴살
비스크 슈림프
토시살
팔라펠
뉴욕스트립 소이 마리네이드
커리 닭다리살

다시마 숙성 연어
KELP AGED SALMON

다시마로 감싸 숙성하여 식감과 맛을 한층 풍부하게 만든 숙성 연어입니다. 훈제 연어는 사용하지 않으며 껍질째 판매하는 횟감용 연어를 사용하는 것이 좋습니다.

조리재료

횟감연어 500g, 다시마 70g, 꽃소금 10g

조리도구

칼, 도마, 랩, 키친타월, 해동지

조리과정

1. 껍질째 판매하는 횟감용 연어를 다듬고, 연어 위에 꽃소금을 골고루 뿌려 10분간 염지한다.

2. 염지가 끝난 연어는 흐르는 물에 깨끗하게 씻어 키친타월로 물기를 제거한다.

3. 다시마로 연어 앞뒤를 감싸 랩으로 말아 밀폐용기에 담는다.

4. 냉장고에서 하루 정도 숙성한 후 다시마를 제거한다. 해동지 또는 깨끗한 소창으로 감싸 랩으로 만다.

5. 필요한 부분만큼 잘라서 사용하고, 나머지는 냉장 보관한다.

다시마 숙성 연어를 사용한 메뉴

다시마 숙성 연어 덮밥 (88p 참조)
연어 스테이크 샌드위치 (102p 참조)
연어 스테이크 (128p 참조)
비건 홀렌다이즈 에그베네딕트
    (142p 참조)

소이 닭가슴살

SOY CHICKEN BREAST

저온에서 조리하여 육즙이 가득하고 부드러운 식감을 살린 간장 소스 베이스의 오리엔탈풍 닭가슴살입니다. 버섯과 닭가슴살 스파게티, 닭가슴살 스테이크, 소이 닭가슴살 수란 비빔밥에 사용합니다.

조리재료

닭가슴살 140g (1개), 아가베 시럽 145g, 간장 120g, 비트케첩 50g, 간마늘 12g, 후추 2g

조리도구

칼, 도마, 볼, 오븐, 오븐용 냄비, 거품기, 지퍼백

조리과정

1. 오븐용 냄비에 물을 절반 정도 담아 오븐에 넣고 60℃ 스팀으로 오븐을 예열해 놓는다.

2. 닭가슴살의 지방 및 힘줄을 제거해 놓는다.

3. 볼에 아가베 시럽, 간장, 비트케첩, 간마늘, 후추를 넣고 섞어 소스를 만들어 놓는다.

4. 지퍼백에 손질한 닭가슴살과 3번의 소스 30g을 담아 밀봉한다.

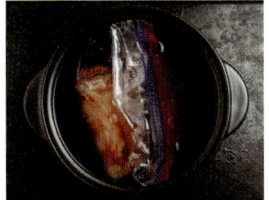

5. 예열이 끝난 오븐용 냄비에 닭가슴살팩을 넣고 30분간 익힌다.

6. 완성된 팩을 얼음물에 식힌다.

소이 닭가슴살을 사용한 메뉴

버섯과 닭가슴살 스파게티 (70p 참조)
소이 닭가슴살 수란 비빔밥 (92p 참조)
이탈리안 닭가슴살 샌드위치 (108p 참조)
세 가지 타코 (116p 참조)
닭가슴살 스테이크 (124p 참조)

비스크 슈림프
BISQUE SHRIMP

새우의 머리와 껍데기를 활용해 비스크 향을 입힌 새우. 비스크 슈림프 반미 샌드위치, 슈림프 볶음밥, 세 가지 타코 등에 활용됩니다. 샐러드에 곁들이면 부족할 수 있는 단백질을 더할 수 있습니다.

조리재료

새우 10개, 카놀라유 300g, 꽃소금 10g

조리도구

칼, 도마, 냄비, 오븐, 오븐용 냄비, 핸드 블렌더, 나무꼬치, 키친타월, 고운 체, 소창, 지퍼백

조리과정

1. 새우의 머리, 껍질을 제거한다.

2. 제거한 머리와 껍질(230g가량)은 180℃로 예열한 오븐에 10분간 말린다.

3. 껍질을 제거한 새우는 이쑤시개나 나무꼬치 등으로 새우 등의 내장을 제거한다.

4. 3번의 새우에 꽃소금을 뿌린 후 1분간 염지한다.

5. 염지가 끝난 새우는 흐르는 물에 깨끗이 세척하여 키친타월로 물기를 제거한다.

6. 냄비에 2번의 오븐에 말린 껍질과 카놀라유를 넣고 센불에 끓인다. 끓어오르면 중불로 낮춰 3분간 끓인다.

7. 핸드 블렌더로 갈아 약불에 30분간 끓여 비스크 오일을 만든다.

8. 고운 체와 소창에 거른 후 차갑게 식힌다.

새우 손질법

1. 새우의 머리를 제거한다.

2. 새우의 내장을 제거할 때는 나무꼬치로 실 같이 이어진 내장을 제거해야 한다.

9. 오븐용 냄비에 물을 절반 정도 담아 오븐에 넣고 56℃ 스팀으로 오븐을 예열해 놓는다.

10. 지퍼백에 5번의 새우와 8번의 비스크 오일 30g을 담아 밀봉한다.

11. 예열이 끝난 오븐용 냄비에 새우팩을 넣고 40분간 익힌다.

12. 완성된 팩을 얼음물에 식힌다.

TIP

4. 취향에 따라 염지 시간을 조절한다.

12. 새우를 식힐 때는 미생물 번식 위험이 있으니 반드시 얼음물에 식힌다.

비스크 슈림프를 사용한 메뉴

비스크 슈림프 볶음밥 (82p 참조)
슈림프 반미 샌드위치 (106p 참조)
세 가지 타코 (116p 참조)

토시살
BUTCHER'S CUT

<<<<<<<<<<<<<<<<<<<<<<<<<<<<<<<<<<<<<<<<<<<<

허브와 함께 저온조리하여 고기의 잡내를 제거하고 식감을 부드럽게 만든 토시살입니다. 채소와 함께 곁들여 토시살 스테이크로 활용됩니다. 샐러드나 라이스볼에 곁들여 단백질을 보충할 수 있습니다.

조리재료

소고기 토시살 80g, 엑스트라 버진 올리브 오일 5g, 타임 1g, 로즈마리 1g, 통후추 0.5g

조리도구

오븐, 오븐용 냄비, 지퍼백

조리과정

1. 오븐용 냄비에 물을 절반 정도 담아 오븐에 넣고 56℃ 스팀으로 오븐을 예열해 놓는다.

2. 지퍼백에 토시살과 타임, 로즈마리, 통후추, 엑스트라 버진 올리브 오일을 담아 밀봉하고 천천히 주무른다.

3. 예열이 끝난 오븐용 냄비에 토시살팩을 넣고 30분간 익힌다.

4. 완성된 팩을 얼음물에 식힌다.

TIP

4. 토시살을 식힐 때는 미생물 번식 위험이 있으니 반드시 얼음물에 식힌다.

토시살을 사용한 메뉴

토시살 스테이크 (130p 참조)

팔라펠
FALAFEL

할랄 음식의 하나로, 병아리콩 또는 잠두를 으깨어 동그랗게 뭉쳐 구워냅니다. 기름에 튀겨내는 전통적인 조리법에서 오븐에서 굽는 것으로 레시피를 바꾸어 건강을 고려했습니다.

조리재료

병아리콩 200g, 양파 100g, 엑스트라 버진 올리브 오일 35g, 마늘 20g, 파슬리 15g, 레몬 1개, 병아리콩 파우더 10g, 소금 5g, 베이킹 파우더 3g, 후추 2g, 케이엔 페퍼 2g

조리도구

블렌더, 오븐, 스퀴저, 시트팬, 종이호일, 짤주머니, 지퍼백

조리과정

1. 레몬은 즙을 내어 준비하고, 엑스트라 버진 올리브 오일 20g과 물기를 제거한 병아리콩을 포함한 모든 재료를 블렌더에 넣고 거칠게 간다.

2. 블렌더로 간 반죽을 짤주머니에 담는다.

3. 시트팬에 종이호일을 깔고, 반죽 15~20g을 동그랗게 짠다.

4. 먹을 만큼만 짜서 준비하고, 나머지는 지퍼백에 넣어 냉동 보관한다.

5. 3번의 반죽 위에 엑스트라 버진 올리브 오일을 뿌린다.

6. 180℃로 예열한 오븐에 넣고 15~20분간 굽는다.

TIP

1-1. 통조림이 아닌 생병아리콩을 사용할 때는 하루 전 물에 불려 준비한다.

1-2. 병아리콩 파우더가 없다면 콩가루를 사용해도 된다.

1-3. 때에 따라 채소와 레몬 등 수분 함량이 다를 수 있으므로, 농도가 맞지 않을 때는 병아리콩 파우더를 더 첨가하여 농도를 조절한다.

1-4. 식감이 좋지 않을 수 있으므로 블렌더에 너무 곱게 갈지 않도록 주의한다.

뉴욕스트립 소이 마리네이드
NEW YORK STRIP STEAK MARINATED WITH SOY SAUCE

간장 양념으로 마리네이드하여 염도를 더하고 육질을 부드럽게 만든 채끝 등심입니다. 감칠맛과 부드러운 식감을 느낄 수 있습니다. 채끝 스테이크 덮밥에 활용되며 샐러드나 볶음밥에 곁들여도 좋습니다.

조리재료

배 720g, 사탕수수당 260g, 간장 230g, 채끝 등심 120g, 간마늘 72g, 참기름 60g, 정종 40g

조리도구

칼, 도마, 냄비, 블렌더, 지퍼백

조리과정

1. 블렌더에 배를 넣고 간다.

2. 냄비에 채끝 등심을 제외한 모든 재료를 넣는다.

3. 약불에 천천히 재료가 완전히 섞일 때까지 끓인 후 차갑게 식힌다.

4. 지퍼백에 채끝 등심과 3번의 소스 30g을 담아 밀봉한다.

5. 냉장고에서 하루 정도 숙성한다.

뉴욕스트립 소이 마리네이드를 사용한 메뉴

채끝 스테이크 덮밥 (94p 참조)

커리 닭다리살

RED CURRY DRUMSTICK

×××××××××××××××××××××××××××××××××××××××

레드커리 소스와 함께 저온에서 조리하여 맛과 영양분을 높인 닭다리살입니다. 닭다리살 치킨 커리 라이스에 활용됩니다.

조리재료

뼈 있는 닭다리살 80g

미리 준비할 재료   ❶레드커리 소스 30g (200p 참조)

조리도구

칼, 도마, 오븐, 오븐용 냄비, 키친타월, 지퍼백

조리과정

1. 오븐용 냄비에 물을 절반 정도 담아 오븐에 넣고 78℃ 스팀으로 오븐을 예열해 놓는다.

2. 뼈 있는 닭다리살의 껍질과 지방을 제거하고, 힘줄을 끊어 손질한다.

3. 손질한 닭다리살은 흐르는 물에 30분간 두어 핏물과 잡냄새를 제거한다.

4. 닭다리살의 물기를 키친타월로 제거한다.

5. 지퍼백에 닭다리살과 미리 만들어둔 ❶레드커리 소스 30g을 넣고 밀봉한다.

6. 예열이 끝난 오븐용 냄비에 닭다리살팩을 넣고 1시간 동안 익힌다.

7. 완성된 팩을 얼음물에 식힌다.

커리 닭다리살을 사용한 메뉴

닭다리살 치킨 커리 라이스
(90p 참조)

기타

ETC.

XXXXXXXXXXXXXX

요리에 곁들이면 좋은 사이드 메뉴입니다.
샐러드에 활용할 수 있는 그레인 마리네이드, 리코타 치즈, 부드러운 일본식 달걀말이,
터키 미트볼, 그리고 여러 음식과 잘 어울리는 피클 등을 수록했습니다.

그레인 마리네이드
리코타 치즈
달걀말이
꽃게살 마리네이드
터키 미트볼
피클

그레인 마리네이드

MARINATED GRAIN

GI 지수가 낮은 곡물을 이용한 사이드 메뉴입니다. 샐러드나 간단한 후무스, 타코 등의 간단한 스낵에 곁들이기 좋습니다.

조리재료

현미 200g, 흑현미 200g, 퀴노아 100g, 양파 20g, 올리브 오일 10g, 통마늘 10g, 실란트로찹 5g, 마늘찹 4g, 레몬즙 2g, 소금 1g, 큐민 0.5g, 케이엔페퍼 0.5g, 월계수잎 0.2g

조리도구

스팀 컨벡션 오븐, 오븐용 냄비

조리과정

1. 오븐용 냄비에 현미, 흑현미, 퀴노아, 귀리를 섞은 후 물에 불린다.

2. 마늘과 양파, 월계수잎, 올리브 오일을 넣은 후 뚜껑을 덮고, 100℃로 예열한 스팀 컨벡션 오븐에 30분 정도 익힌다.

3. 오븐에서 꺼내 상온에서 10분 정도 뜸을 들인다.

4. 뜸을 들인 곡물을 잘 섞은 후 마늘찹, 레몬즙, 실란트로찹, 케이엔페퍼, 올리브 오일을 넣고 잘 섞는다.

TIP

1-1. 반드시 일반 스팀 오븐이 아닌, 조리시간 내내 스팀이 나오는 스팀 컨벡션 오븐을 사용해야 한다. 스팀 컨벡션 오븐이 없다면, 전기 밥솥에 재료를 넣고 잡곡밥 모드로 밥을 지으면 된다.

1-2. 곡물이 잘 불려질수록 조리시간이 줄어든다.

그레인 마리네이드를 사용한 메뉴

옴니버스 샐러드 (58p 참조)
수란과 후무스 샐러드 (60p 참조)
세 가지 타코 (116p 참조)
세 가지 후무스와 피타브레드 (118p 참조)

리코타 치즈
RICOTTA CHEESE

집에서도 간단히 만들 수 있는 리코타 치즈로, 우유와 플레인요거트, 생크림 등을 사용합니다. 샐러드에 곁들이거나 스프레드처럼 빵에 발라 먹으면 좋습니다.

조리재료

우유 2kg, 플레인요거트 1.2kg, 생크림 1kg, 레몬즙 50g, 소금 50g, 설탕 30g

조리도구

냄비, 내열주걱, 스퀴저, 고운 체, 소창

조리과정

1. 냄비에 생크림과 우유, 소금, 설탕을 섞고 약 78℃의 중불에 끓인다.

2. 약 30~40분간 끓인 후 플레인요거트와 레몬즙을 넣고 약불에 약 15분간 끓인다.

3. 끓이면서 내열주걱으로 저어가며 유당을 분리시킨다.

4. 몽글몽글하게 응고되기 시작하면 고운 체와 소창으로 걸러낸다.

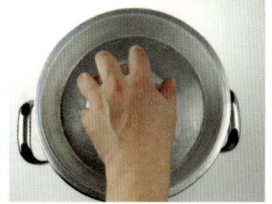

5. 치즈를 소창으로 감싼 후 무게감 있는 물체로 누른다. 치즈가 식으면 소창을 교체하여 냉장고에서 하루 정도 휴지하여 사용한다.

6. 완성

리코타 치즈를 사용한 메뉴

포모도로 리코타 스파게티 (78p 참조)
아보카도 토스트 (100p 참조)
비건 홀렌다이즈 에그베네딕트
(142p 참조)

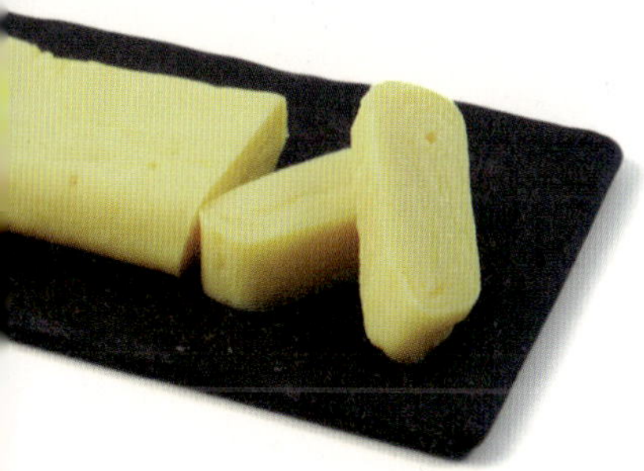

달걀말이

TAMAGOYAKI

달걀에 물과 소금, 미림을 넣어 만드는 간단한 일본식 달걀말이입니다. 다시마 숙성 연어 덮밥에 사용되며 샐러드에 곁들이면 단백질을 보충할 수 있습니다.

달걀말이를 사용한 메뉴

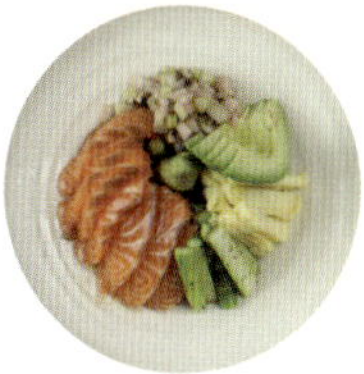

다시마 숙성 연어 덮밥 (88p 참조)

조리재료

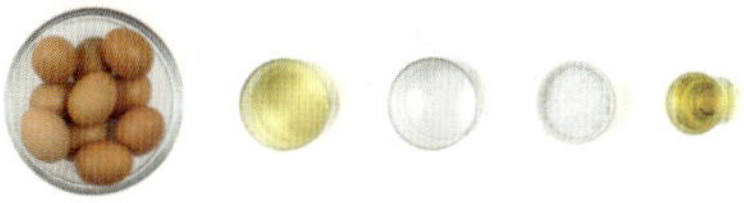

달걀 10개, 미림 75g, 물 25g, 소금 6g, 엑스트라 버진 올리브 오일

조리도구

사각 달걀말이 프라이팬, 젓가락, 볼, 고운 체, 대나무김발, 키친타월

조리과정

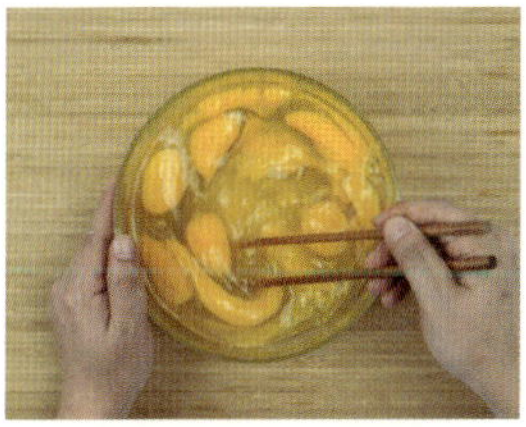

1. 볼에 모든 재료를 넣고 젓가락으로 거품이 생기지 않도록 저어 달걀을 푼다.

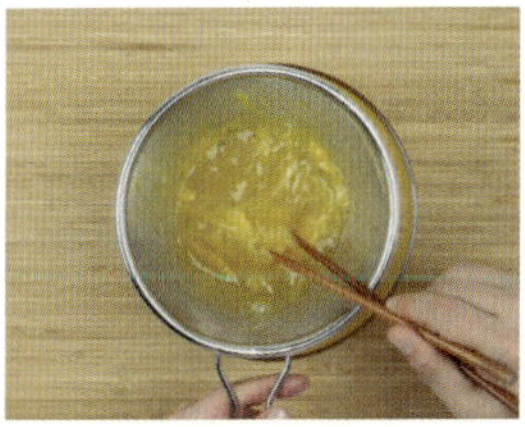

2. 고운 체에 내려 알끈과 이물질 등을 제거한다.

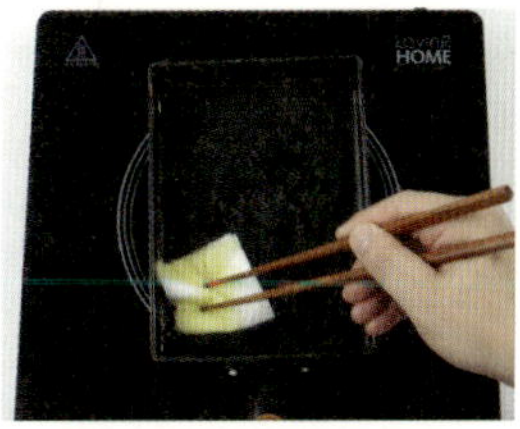

3. 약불에 프라이팬을 달군 후 키친타월에 올리브 오일을 묻혀 프라이팬을 코팅한다.

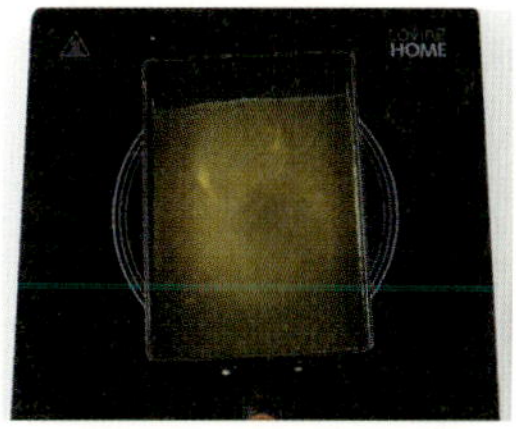

4. 프라이팬에 전체적으로 달걀물을 두른다.

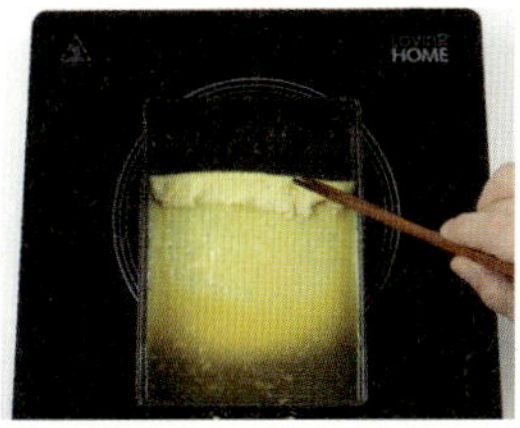

5. 달걀물을 앞쪽으로 굴리듯이 말아 올린다.

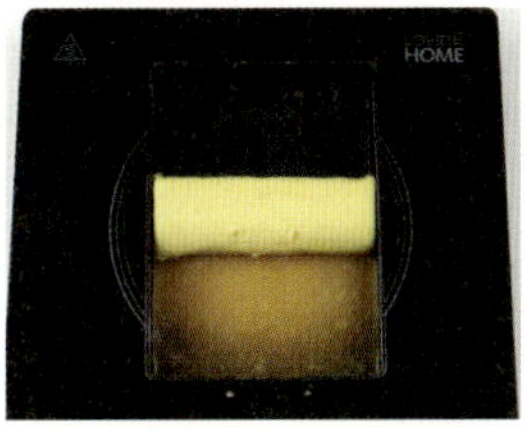

6. 말린 달걀 뒤로 다시 달걀물을 두르고 말아 올린다. 달걀말이가 원하는 크기가 될 때까지 반복한다.

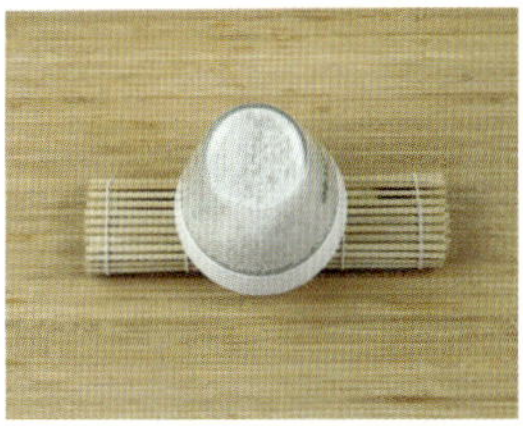

7. 완성되면 대나무 김발로 감싸서 무게감 있는 물체로 눌러 고정한다.

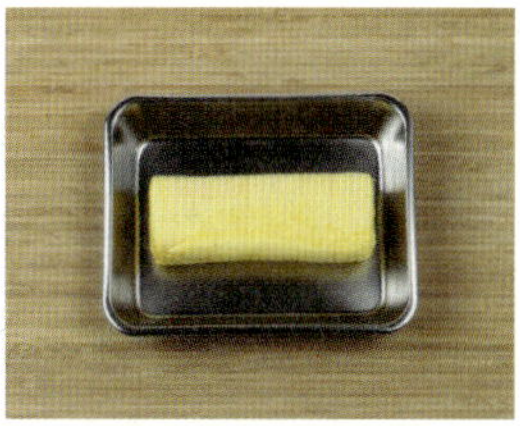

8. 완성된 달걀말이는 원하는 두께로 슬라이스하여 사용한다.

꽃게살 마리네이드

MARINATED CRAB

오븐에 익힌 꽃게살을 발라내 허브와 함께 마리네이드한 메뉴입니다. 레몬 허브 스파게티와 비스크 슈림프 볶음밥 등에 활용되며 간단한 카나페나 덮밥 등에 곁들이기도 좋습니다.

조리재료

꽃게 1개, 엑스트라 버진 올리브 오일 15g, 바질 5g, 소금 3g, 후추 1g, 파슬리 1g

조리도구

칼, 도마, 볼, 오븐, 가위

조리과정

1. 바질은 슬라이스하고 파슬리는 곱게 다져 놓는다.

2. 드레인팬에 꽃게를 올리고 100℃ 스팀으로 예열한 오븐에 20분간 익힌다.

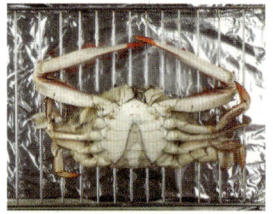

3. 20분이 지나면 오븐을 끄고 약 10분간 뜸을 들인다.

4. 꽃게살을 발라낸다.

5. 볼에 발라낸 꽃게살과 준비된 모든 재료를 함께 섞어 완성한다.

꽃게살 마리네이드를 사용한 메뉴

꽃게살과 레몬 허브 스파게티 (66p 참조)
비스크 슈림프 볶음밥 (82p 참조)

터키 미트볼

TURKEY MEATBALL

GI 지수와 칼로리가 낮은 칠면조 가슴살로 만든 미트볼입니다.
드라이 타임과 파슬리 등의 다양한 허브를 함께 넣고 빚어 풍미를 살렸습니다. 터키 미트볼 스파게티에 활용됩니다.

조리재료

칠면조 가슴살 1.25kg, 아몬드 밀크 200g, 달걀 130g(약 3개), 빵가루 100g, 양파 81g, 마늘 81g,
드라이 타임 11g, 소금 10g, 칠리 시즈닝 5g, 후추 4g, 파슬리 3g

조리도구

칼, 도마, 볼, 지퍼백

조리과정

1. 양파와 마늘, 파슬리는 곱게 다진다.

2. 볼에 1번의 재료와 나머지 재료를 넣고 반죽한다.

3. 적당히 공기를 빼주고 약 10g씩 분할하여 동그랗게 빚는다.

4. 필요한 양만큼 사용하고, 남은 미트볼은 지퍼백에 넣어 냉동 보관한다.

TIP

2-1. 취향에 따라 아몬드 밀크 또는 달걀의 양을 조절하여 식감을 맞춘다.

2-2. 로즈마리, 오레가노, 타라곤 등의 향신료를 함께 넣어도 좋다.

터키 미트볼을 사용한 메뉴

터키 미트볼 스파게티 (76p 참조)

피클

PICKLE

덮밥에 올리는 덮밥용 채소피클과 홍고추, 청양고추를 사용한 고추피클, 다양한 요리에 곁들이기 좋은 채소갱피클과 오이피클, 큼직한 오이를 사용한 딜피클, 적양파를 큼직하게 썰어 색감을 살린 적양파피클 등 다섯 가지 피클을 담았습니다. 라이스볼, 파스타, 스테이크 등에 사이드로 곁들이기 좋습니다.

조리도구

칼, 도마, 냄비, 프라이팬, 고운 체

조리재료

피클 주스: 물 750g, 식초 450g, 설탕 280g, 소금 70g, 뉴슈가 12g, 피클링스파이스 10g, 건고추 1개, 레드페퍼 크러시드 3g, 통계피

딜피클 주스: 물 490g, 식초 245g, 설탕 80g, 소금 25g, 드라이 딜 21g, 드라이 고수 5g, 마늘 4g, 캐러웨이시드 3g, 펜넬시드 2g, 레드페퍼 크러시드 1.5g

피클 채소: 덮밥용 채소피클 (표고버섯 100g, 적양파 100g, 백오이 100g) / 고추피클 (홍고추 5개, 청양고추 5개) / 채소갱피클 (당근 100g, 무 100g, 백오이 100g) / 오이피클 (백오이 1.7kg, 레몬 0.5개) / 적양파피클 (적양파 400g) / 딜피클 (백오이 1kg, 프레시 딜 10g)

조리과정

피클 주스 2종

피클주스 냄비에 피클 주스 재료를 모두 계량하여 넣고 끓인다. 한 번 끓어오르면 불을 끄고 미지근해질 때까지 식힌 후 고운 체에 거른다.

딜피클주스 냄비에 딜피클 주스 재료를 모두 계량하여 넣고 끓인다. 한 번 끓어오르면 불을 끄고 미지근해질 때까지 식힌 후 고운 체에 거른다.

덮밥용 채소피클

1. 표고버섯 100g, 적양파 100g, 씨를 제거한 백오이 100g을 1cm 크기 큐브 형태로 썬다.

2. 큐브 형태로 썬 표고버섯을 프라이팬에 볶는다.

3. 표고버섯이 식으면 1번의 손질한 재료와 함께 미지근한 피클 주스에 약 6시간 절여 완성한다.

고추피클

1. 홍고추와 청양고추는 슬라이스한 후 물에 담가 씨를 뺀다.

2. 손질한 재료를 피클 주스에 절여 완성한다.

채소갱피클

1. 당근 100g, 무 100g, 씨를 제거한 백오이 100g을 얇고 길게 슬라이스한다.

2. 손질한 재료를 피클 주스에 절여 완성한다. 채소의 숨이 죽으면 채소를 건져 먹는다.

오이피클

1. 오이를 1.5cm 두께로 썬다.

2. 손질한 오이와 반으로 자른 레몬을 넣고 피클 주스에 하루 정도 절여 완성한다.

적양파피클

1. 적양파를 0.5cm 두께의 링 형태로 슬라이스한다.

2. 손질한 적양파를 피클주스에 약 6시간 절여 완성한다.

딜피클

1. 오이를 5cm 길이로 썰어 세로로 4등분한 후 씨를 제거한다.

2. 손질한 오이와 프레시 딜을 넣고 딜피클주스에 하루 정도 절여 완성한다.

피클을 사용한 메뉴

비스크 슈림프 볶음밥 (82p 참조)
알로하 참치 포케 라이스 (84p 참조)
다시마 숙성 연어 덮밥 (88p 참조)
채끝 스테이크 덮밥 (94p 참조)
아보카도 토스트 (100p 참조)
연어 스테이크 샌드위치 (102p 참조)
슈림프 반미 샌드위치 (106p 참조)
이탈리안 닭가슴살 샌드위치 (108p 참조)
세 가지 타코 (116p 참조)

특별편: 치트밀

CHEAT MEAL

╳╳╳╳╳╳╳╳╳╳╳╳╳╳╳╳╳╳╳╳╳╳╳╳╳╳╳╳╳╳╳╳╳╳╳

"오늘은 마음껏 먹는 날!"
식단 조절 중 하루만큼은 먹고 싶은 음식을 마음껏 먹는 날을 치팅데이라고 합니다.
하지만 하루 세 끼를 기름진 고열량 음식으로 섭취한다면
건강한 식단을 유지하기 어렵죠.
건강한 식단을 장기적으로 유지하기 위해서는 일주일에 한 끼를 자유식으로
먹고 싶은 음식을 즐겁게 먹는 것이 좋습니다.
즐거운 한 끼를 위한 치트밀 레시피를 소개합니다.

고추장 삼겹 아마트리치아나
시푸드 떡볶이
시푸드 크림 우동
유니짜장 에그누들

난이도	칼로리
중	542kcal
비건	프렙
X	O

고추장 삼겹 아마트리치아나

GOCHUJANG PORK BELLY AMATRICIANA

고추장으로 양념한 제육볶음을 활용한 매콤한 파스타입니다. 간장, 흑설탕, 미림, 고춧가루, 굴소스 등의
재료를 섞어 만든 제육 양념장은 하루 정도 숙성시켰다가 사용합니다. 또한 버터를 빼고 당분을 조절한
시칠리안 포모도로 소스와 담백한 채소육수는 미리 만들어두었다가 요리에 넣어 맛을 더합니다.
소스가 면에 충분히 스며들 수 있도록 스파게티 대신 부카티니를 사용하는 것이 좋습니다.

미리 준비할 재료

시칠리안 포모도로 소스 (190p 참조), 채소육수 (189p 참조)

1인분 기준

제육 양념장: 진간장 500g, 미림 500g, 흑설탕 350g, 굵은고춧가루 250g,
간 마늘 150g, 고운고춧가루 100g, 청양고춧가루 75g, 굴소스 50g,
참기름 50g, 다시다 25g, 간 생강 20g

고추장 삼겹 아마트리치아나: 통삼겹살 120g, 부카티니 120g, 양파 60g,
대파 60g, 통마늘 15g, 파르미지아노 레지아노 치즈 5g, 레드페퍼 크러시드 1g,
소금 1g, 후추 1g

미리 준비할 재료   ❶시칠리안 포모도로 소스 120g
                   ❷채소육수 120g

조리도구

칼, 도마, 볼, 냄비, 프라이팬, 내열주걱

제육 양념장

고추장 삼겹 아마트리치아나

조리과정

1. 제육 양념장의 모든 재료를 섞어 하루 정도 숙성해 놓는다.

2. 삼겹살은 3cm 길이 스틱 형태로 썰고 양파, 대파, 마늘은 슬라이스해 놓는다.

3. 끓는 물에 부카티니를 넣고 삶아 놓는다. 취향에 따라 익힘 정도를 조절한다.

4. 엑스트라 버진 올리브 오일을 두른 프라이팬에 마늘을 볶는다.

5. 손질한 삼겹살, 양파, 대파, 레드페퍼 크러시드를 넣고 충분히 볶는다.

6. 미리 만들어둔 ❶시칠리안 포모도로 소스, ❷채소육수를 넣고 3번의 삶아 놓은 부카티니를 넣는다.

7. 소스가 면에 엉길 때까지 볶은 후 파르미지아노 레지아노 치즈를 넣는다.

8. 완성

난이도	칼로리
중	376kcal
비건	프렙
X	X

시푸드 떡볶이

SEAFOOD TTEOKBOKKI

갑오징어, 새우, 홍합, 바지락 등 해산물을 푸짐하게 넣어 만든 떡볶이입니다.

육수로는 양파, 셀러리, 당근 등을 끓여 만드는 저칼로리 채소육수를 미리 만들어두었다가 사용합니다.

각종 해산물과 함께 표고버섯, 양파, 파프리카 등 다양한 채소가 어우러져 깊은 맛을 느낄 수 있습니다.

미리 준비할 재료

채소육수 (189p 참조)

2인분 기준

떡볶이 소스: 물 3kg, 설탕 360g, 고추기름 160g, 청양고춧가루 80g, 케첩 80g, 소금 60g, 굵은고춧가루 60g, 요리당 60g, 간 마늘 60g, 굴소스 60g, 간 생강 40g, 닭육수 30g, 조개다시다 20g

시푸드 떡볶이: 떡 400g, 떡볶이 소스 300g, 홍합 140g, 양파 85g, 갑오징어 80g, 바지락 70g, 쫄면 50g, 적파프리카 35g, 대파 35g, 표고버섯 30g, 브로콜리 30g, 20미새우 2개, 엑스트라 버진 올리브 오일 10g, 간 마늘 15g, 물전분 5g

미리 준비할 재료   ❶채소육수 120g

조리도구

칼, 도마, 냄비, 프라이팬, 뜰채, 내열주걱

떡볶이 소스

시푸드 떡볶이

조리과정

1. 냄비에 떡볶이 소스 재료를 모두 넣고 끓이다가 끓어 오르면 약한 불로 웜 시켜 놓는다.

2. 양파와 파프리카는 슬라이스하고 표고버섯은 편으로 썬다. 브로콜리는 송이만 남겨 손질하고 대파는 어숫썰기한다. 갑오징어는 3cm 크기의 큐브 형태로 썰어 놓는다.

3. 쫄면은 물에 담가 딱딱함이 가실 수 있도록 준비해 놓는다.

4. 끓는 물에 떡을 넣고 익힌 후 뜰채로 건져 놓는다.

5. 엑스트라 버진 올리브 오일을 두른 프라이팬에 마늘, 새우, 홍합, 바지락, 갑오징어를 넣고 볶다가 손질한 채소를 넣고 충분히 볶는다.

6. 미리 만들어둔 ❶채소육수와 떡볶이 소스를 넣는다.

7. 소스가 끓으면 3번의 쫄면과 4번의 떡을 넣는다. 물전분을 넣어 원하는 농도로 맞춘다.

8. 완성

난이도	칼로리
중	579kcal
비건	프렙
X	X

시푸드 크림 우동

SEAFOOD CREAM NOODLE

부드러운 크림 우동에 갑오징어, 홍합, 바지락 등 해산물을 넣어 시원하면서도 부드러운 맛을
느낄 수 있는 메뉴입니다. 간장에 건표고버섯, 가쓰오부시 등을 섞어 만드는 일본식 맛간장을
미리 만들어두었다가 요리에 활용해 감칠맛을 더합니다.
또한 다시물과 혼다시 등을 가미해 일본풍 요리의 느낌을 살렸습니다.

미리 준비할 재료

맛간장 (205p 참조)

조리재료 2인분 기준

다시물: 물 5kg, 가쓰오부시 50g, 건다시마 20g

시푸드 크림 우동: 사누키 우동 500g, 다시물 350g, 생크림 235g,
홍합 120g, 바지락 70g, 갑오징어 60g, 20미새우 2개, 양파 20g, 간 마늘 15g,
엑스트라 버진 올리브 오일 10g, 혼다시 3g, 레드페퍼 크러시드 1g, 파슬리 1g

미리 준비할 재료 ❶맛간장 1g

조리도구

칼, 도마, 냄비, 프라이팬, 체, 내열주걱

시푸드 크림 우동

조리과정

1. 냄비에 물과 다시마를 넣고 끓인
다.

2. 물이 끓어 오르면 다시마를 건진
후 가쓰오부시를 넣고 다시물을 우
린다. 체에 걸러 가쓰오부시를 건져
놓는다.

3. 갑오징어는 3cm 크기의 큐브 형
태로 썰고, 파슬리는 곱게 다져 놓는
다.

4. 엑스트라 버진 올리브 오일을 두
른 프라이팬에 간 마늘과 다진 양파
를 볶는다.

5. 새우와 갑오징어, 홍합, 바지락,
레드페퍼 크러시드, 파슬리를 넣고
볶는다.

6. 2번의 다시물, 생크림, 혼다시, 미
리 만들어둔 ❶맛간장을 넣고 끓인
다.

7. 사누키 우동을 넣고 원하는 농도
로 맞춘다.

8. 완성

난이도	칼로리
중	183kcal
비건	프렙
X	X

유니짜장 에그누들

YUNI-JJAJANG EGG NOODLE

채소와 고기를 잘게 썰어 넣는 중국식 유니짜장입니다. 양파, 셀러리, 당근 등을 끓여 만드는
저칼로리 채소육수를 미리 만들어두었다가 활용합니다. 돼지고기는 삼겹살을 사용해 부드러우면서
풍부한 맛을 더합니다. 본 레시피에서는 에그누들을 사용했지만, 누들대신 밥을 곁들여
짜장밥으로 즐기는 것도 좋습니다.

미리 준비할 재료

채소육수 (189p 참조)

조리재료 2인분 기준

양파 250g, 에그누들 150g, 통삼겹 100g, 양배추 80g, 주키니 60g, 춘장 50g, 카놀라유 50g, 간 마늘 30g, 설탕 15g, 물전분 5g, 진간장 4g, 후추, 참기름

미리 준비할 재료   ❶채소육수 120g

조리도구

칼, 도마, 냄비, 프라이팬, 내열주걱

조리과정

1. 양파, 주키니, 양배추, 삼겹살은 1.5cm 크기의 다이스 형태로 썰어 놓는다.

2. 끓는 물에 에그누들을 넣고 1분 30초가량 삶아 놓는다.

3. 카놀라유 30g을 두른 프라이팬에 춘장을 붓고 익혀 놓는다.

4. 다른 프라이팬에 카놀라유 20g을 두르고 삼겹살을 볶다가 간 마늘, 양파, 주키니를 순서대로 넣는다. 마지막에 3번의 춘장을 넣고 볶는다.

5. 진간장, 설탕, 후추를 넣는다.

6. 참기름, 물전분, 미리 만들어둔 ❶채소육수를 넣어 잘 섞은 후 약한 불로 웜 시킨다.

7. 2번의 삶아 놓은 에그누들을 넣고 잘 섞는다.

8. 완성

TIP

6-1. 물전분은 전분과 물을 1:2의 비율로 섞어 만든다.
6-2. 웜 시키기: 약한 불에 올려 따뜻한 정도로 온도를 유지하거나 플레이팅 직전에 오븐에 살짝 데운다.

부록

부록

APPENDIX

✕✕✕✕✕✕✕✕✕✕✕✕✕✕✕✕✕✕✕✕✕✕✕✕✕✕✕✕✕

음식에 곁들여 풍미를 돋우는
드레싱과 소스 등의 레시피는 부록에 별도로 수록했습니다.
드레싱과 소스는 미리 만들어두었다가 요리에 곁들여 사용합니다.
이외에도 비건 식재료 구매처, 건강 식단 구성 방법 등
클린 이팅을 하는 데 있어 도움이 되는 알짜배기 정보를 담았습니다.

드레싱

DRESSING

××

요리의 풍미를 돋우기 위한 것으로, 샐러드, 냉요리, 전채 요리 등에 사용됩니다.
드레싱은 대부분 오일이나 식초, 설탕 등을 사용해 고열량인 편이에요.
설탕보다 당도는 높고 혈당지수는 낮은 아가베시럽을 사용하면
보다 건강한 드레싱을 만들 수 있습니다.
다이어트를 할 때는 드레싱을 샐러드에 뿌려서 먹는 것보다는 찍어 먹는 것이 좋아요.

비건 시저 드레싱
오리엔탈 피넛 드레싱
애플 사이더 드레싱
레몬 드레싱
흑식초 럽 드레싱
발사믹 비네거 드레싱

비건 시저 드레싱

VEGAN CAESAR DRESSING

일반적인 시저 드레싱에 사용하는 달걀 노른자와 베아르네즈 소스 대신 두부와 칙피 후무스를 넣어 만든 레시피입니다. 유제품을 배제해 비건도 즐길 수 있는 드레싱으로, 비건 시저 샐러드에 활용됩니다.

조리재료

두부 180g, 비건 파르메산 치즈 60g, 엑스트라 버진 올리브 오일 50g, 레몬 45g,
케이퍼 40g, 홀그레인 머스터드 30g, 아가베 시럽 30g, 마늘 15g, 소금 5g, 후추 2g

미리 준비할 재료 ❶칙피 후무스 120g (202p 참조)

조리도구

볼, 블렌더, 스퀴저

조리과정

1. 레몬은 스퀴저로 즙을 낸다.

2. 블렌더에 홀그레인 머스터드를 제외한 모든 재료를 넣고 간다.

3. 볼에 2번의 블렌더에 간 재료를 넣고 홀그레인 머스터드를 섞어 완성한다.

비건 시저 드레싱을 사용한 메뉴

비건 시저 샐러드 (52p 참조)

오리엔탈 피넛 드레싱
ORIENTAL PEANUT DRESSING

땅콩버터에 간장을 더해 오리엔탈풍 느낌을 살린 드레싱입니다.
타이 곤약누들 샐러드에 활용되며, 닭고기나 새우를 곁들인 샐러드와
도 잘 어울립니다.

조리재료

아가베 시럽 90g, 엑스트라 버진 올리브 오일 90g, 식초 55g, 땅콩버터(청크) 40g, 간장 25g, 생강 10g,
마늘 8g, 스리라차 칠리소스 5g, 참기름 4g

조리도구

블렌더

조리과정

1. 블렌더에 모든 재료를 넣고 갈아 완성한다.

**오리엔탈 피넛 드레싱을
사용한 메뉴**

타이 곤약누들 샐러드 (50p 참조)

애플 사이더 드레싱

APPLE CIDER DRESSING

사과를 숙성시켜 만든 비네거를 이용한 드레싱입니다. 수퍼푸드 샐러드, 수란과 후무스 샐러드, 옴니버스 샐러드 등에 활용됩니다.

조리재료

엑스트라 버진 올리브 오일 100g, 아가베 시럽 50g, 애플 사이더 비네거 50g, 레몬 1개, 소금 5g, 후추 0.5g.

조리도구

볼, 거품기, 스퀴저

조리과정

1. 레몬은 스퀴저로 즙을 낸다.

2. 볼에 엑스트라 버진 올리브 오일을 제외한 모든 재료를 넣고 충분히 서는다.

3. 엑스트라 버진 올리브 오일을 천천히 넣으며 거품기로 저어 완성한다.

애플 사이더 드레싱을 사용한 메뉴

수퍼푸드 샐러드 (48p 참조)
옴니버스 샐러드 (58p 참조)
수란과 후무스 샐러드 (60p 참조)
비건 홀렌다이즈 에그베네딕트 (142p 참조)
바나나 팬케이크 (144p 참조)
수플레 오믈렛 (146p)

레몬 드레싱

LEMON DRESSING

가장 기본적인 드레싱인 레몬 드레싱입니다. 상큼한 맛이 특징으로, 브런치 토스트와 샌드위치 가니시 채소에 활용합니다. 꽃게살과 레몬 허브 스파게티에는 산도를 더하기 위해 레몬 드레싱을 넣습니다.

조리재료

엑스트라 버진 올리브 오일 100g, 아가베 시럽 50g, 레몬즙 50g, 소금 5g, 후추 0.5g

조리도구

볼, 거품기, 스퀴저

조리과정

1. 레몬은 스퀴저로 즙을 낸다.

2. 볼에 엑스트라 버진 올리브 오일을 제외한 모든 재료를 넣고 충분히 섞는다.

3. 엑스트라 버진 올리브 오일을 천천히 넣으며 거품기로 저어 완성한다.

레몬 드레싱을 사용한 메뉴

비트와 토마토 샐러드 (54p 참조)
옴니버스 샐러드 (58p 참조)
꽃게살과 레몬 허브 스파게티
 (66p 참조)
비건 그릴치즈 샌드위치 (98p 참조)
연어 스테이크 샌드위치 (102p 참조)

치킨 핫도그 (104p 참조)
슈림프 반미 샌드위치 (106p 참조)
이탈리안 닭가슴살 샌드위치
 (108p 참조)
브런치 토스트 (112p 참조)

흑식초 럽 드레싱

BLACK VINEGAR RUB DRESSING

흑식초와 스파이스 럽의 풍미가 어우러진 이색적인 드레싱입니다.
진한 맛이 특징으로, 멕시칸 콥 샐러드, 옴니버스 샐러드, 안초비 알리
오올리오와 아보카도 등 다양한 요리에 활용됩니다.

조리재료

엑스트라 버진 올리브 오일 100g, 흑식초 50g, 아가베 시럽 50g, 레몬 1개,
스파이스 럽 8g, 소금 5g, 후추 0.5g

조리도구

볼, 거품기, 스퀴저

조리과정

1. 레몬은 스퀴저로 즙을 낸다.

2. 볼에 엑스트라 버진 올리브 오일을 제외한 모든 재료를 넣고 충분히 섞는다.

3. 엑스트라 버진 올리브 오일을 천천히 넣으며 거품기로 저어 완성한다.

흑식초 럽 드레싱을 사용한 메뉴

멕시칸 콥 샐러드 (56p 참조)
옴니버스 샐러드 (58p 참조)
안초비 알리오올리오와 아보카도 (74p 참조)

발사믹 비네거 드레싱

BALSAMIC VINEGAR DRESSING

발사믹 비네거에 엑스트라 버진 올리브 오일을 섞어 만든, 이탈리아의 대표적인 드레싱입니다. 취향에 따라 샐러드 드레싱으로 활용할 수 있으며, 안심 스테이크와도 잘 어울립니다.

조리재료

발사믹 비네거 1kg, 엑스트라 버진 올리브 오일 1kg, 양파 500g, 간 마늘 30g, 바질 2g, 소금, 후추

조리도구

칼, 도마, 냄비, 볼, 거품기

조리과정

1. 양파는 곱게 다지고, 바질은 슬라이스해 놓는다.

2. 냄비에 발사믹 비네거를 넣고 절반이 될 때까지 졸인 후 차갑게 식힌다.

3. 1번의 양파와 바질, 간 마늘, 소금, 후추를 취향에 맞게 넣어 밀봉한 후 냉장고에서 하루 정도 숙성한다.

4. 엑스트라 버진 올리브 오일을 천천히 넣으며 거품기로 저어 완성한다.

발사믹 비네거 드레싱을 사용한 메뉴

안심 스테이크와 발사믹 드레싱
(126p 참조)

소스

SAUCE

소스는 음식의 맛과 풍미를 살려주는 감초 역할을 합니다.
다이어트를 할 때는 소스를 생략하는 것이 좋지만, 건강하게 만든 소스를 곁들여
다양한 맛을 느끼는 것도 꾸준히 식단을 지킬 수 있는 방법 중 하나죠.
주로 다양한 채소와 과일, 향신료를 사용해 만들며
종류에 따라 버터와 고기를 사용하기도 합니다.

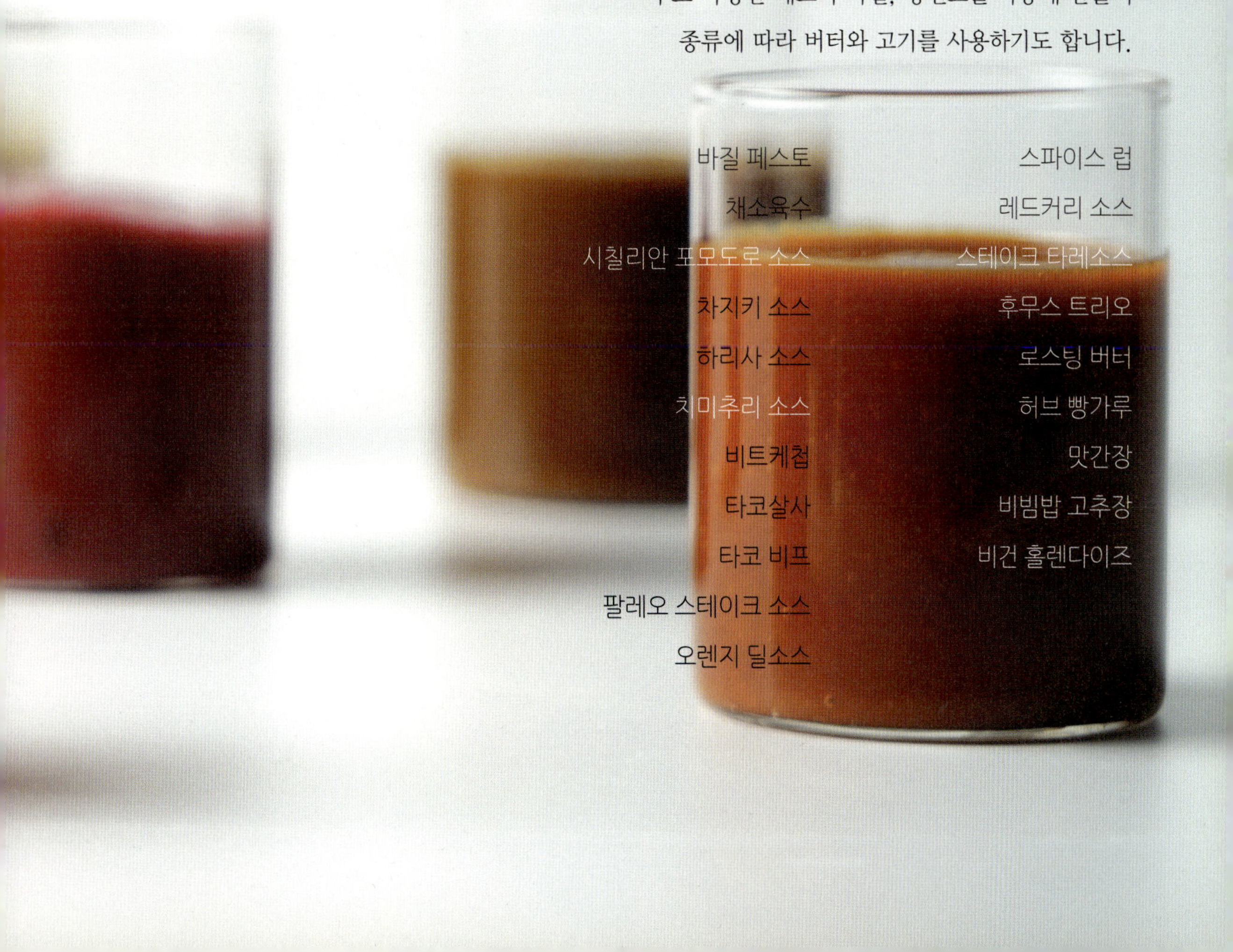

바질 페스토
채소육수
시칠리안 포모도로 소스
차지키 소스
하리사 소스
치미추리 소스
비트케첩
타코살사
타코 비프
팔레오 스테이크 소스
오렌지 딜소스

스파이스 럽
레드커리 소스
스테이크 타레소스
후무스 트리오
로스팅 버터
허브 빵가루
맛간장
비빔밥 고추장
비건 홀렌다이즈

바질 페스토
BASIL PESTO

xxxxxxxxxxxxxxxxxxxxxxxxxxxxxxxxxxxxxxxxxxxxxxxxxxxxxxxxxxxxxxxxxx

치즈를 사용하는 일반적인 바질 페스토에서 치즈를 배제하고 만들었습니다. 바질 페스토에 열을 가하면 고유의 향이 사라지고 색이 탁해지므로, 가급적 가열하지 않고 그대로 사용합니다.

조리재료

바질 140g, 엑스트라 버진 올리브 오일 100g, 안초비 52g, 잣 20g

조리도구

칼, 도마, 냄비, 블렌더

조리과정

1. 바질은 줄기를 제거하고, 잎만 떼어 손질한다.

2. 손질한 바질을 끓는 물에 살짝 데친다.

3. 데친 바질은 얼음물에 식힌다.

4. 식힌 바질의 물기를 제거하고, 칼로 잘게 썬다.

5. 블렌더에 4번의 바질과 나머지 재료를 넣고 곱게 간다.

바질 페스토를 사용한 메뉴

바질 페스토 견과류 스파게티 (68p 참조)
이탈리안 닭가슴살 샌드위치 (108p 참조)
브런치 토스트 (112p 참조)

채소육수
VEGETABLE STOCK

양파, 셀러리, 당근 등을 끓여 만드는 저칼로리 채소육수입니다.
모든 종류의 파스타를 비롯해 다양한 요리에 활용할 수 있습니다.

조리재료

물 3kg, 양파 300g, 당근 100g, 셀러리 100g, 파슬리 3g, 후추 2g, 월계수잎 2장, 정향 0.5g

조리도구

칼, 도마, 냄비, 오븐, 고운 체

조리과정

1. 양파, 당근, 셀러리는 두툼하게 슬라이스한다.

2. 드레인팬에 1번의 손질한 재료를 올리고 150℃로 예열한 오븐에 말리듯이 20분간 굽는다.

3. 냄비에 2번과 나머지 재료를 모두 넣고 40분간 끓인다.

4. 고운 체에 걸러 완성한다.

채소육수를 사용한 메뉴

전 종류의 누들(64~79p 참조)
닭다리살 치킨 커리 라이스 (90p 참조)
오야코동 (140p 참조)
고추장 삼겹 아마트리치아나 (168p 참조)
시푸드 떡볶이 (170p 참조)
유니짜장 에그누들 (174p 참조)
비건 홀렌다이즈 (207p 참조)

시칠리안 포모도로 소스

SICILIAN POMODORO SAUCE

시칠리아식 토마토 소스입니다. 버터를 사용하지 않고 당분을 조절하여 건강식 소스로 재해석했습니다. 토마토 베이스의 스파게티와 타코 비프 멕시칸 볶음밥, 닭가슴살 스테이크 등에 활용됩니다.

조리재료

토마토홀 2250g (1캔), 양파 400g, 마늘 100g, 올리브 오일 60g, 사탕수수당 50g, 바질 3g, 소금 3g, 후추 1g

조리도구

칼, 도마, 냄비, 내열주걱, 거친 망

조리과정

1. 양파와 마늘은 곱게 다지고, 바질은 슬라이스해 놓는다.

2. 올리브 오일을 두른 냄비에 다진 마늘을 볶는다. 오일에 마늘 향이 배면 다진 양파를 넣고 투명한 빛깔이 날 때까지 충분히 익힌다.

3. 토마토홀을 넣고 30분간 끓인다.

4. 사탕수수당, 소금, 후추, 슬라이스한 바질을 넣고 5분간 끓인 후 식힌다.

5. 거친 망에 으깨듯이 내려 소스 입자를 만든다.

시칠리안 포모도로 소스를 사용한 메뉴

갑오징어와 계절채소구이 스파게티
　(64p 참조)
터키 미트볼 스파게티 (76p 참조)
포모도로 리코타 스파게티 (78p 참조)
타코 비프 멕시칸 볶음밥 (86p 참조)

세 가지 타코 (116p 참조)
닭가슴살 스테이크 (124p 참조)
고추장 삼겹 아마트리치아나
　(168p 참조)

차지키 소스
TZATZIKI SAUCE

그리스의 대표적인 소스로, 시큼하고 고소한 풍미를 느낄 수 있습니다. 상큼한 요거트와 딜, 백오이의 향이 이색적으로 어우러집니다. 샌드위치 등의 요리와 잘 어울리며 스테이크에 곁들이기도 좋습니다.

조리재료

플레인 요거트 500g, 백오이 150g, 마늘 15g, 레몬즙 10g, 소금 5g, 엑스트라 버진 올리브 오일 3g, 백후추 1g, 딜 1g

조리도구

칼, 도마, 볼, 강판, 스퀴저, 거품기

조리과정

1. 마늘과 딜은 곱게 다지고, 레몬은 즙을 내어 놓는다.

2. 백오이는 고운 강판에 갈아 준비한다.

3. 볼에 모든 재료를 넣고 거품기로 섞어 완성한다.

차지키 소스를 사용한 메뉴

연어 스테이크 샌드위치 (102p 참조)
치킨 핫도그 (104p 참조)
슈림프 반미 샌드위치 (106p 참조)
브런치 토스트 (112p 참조)
세 가지 타코 (116p 참조)
토종닭 로스트 홀치킨 (136p 참조)

하리사 소스

HARISSA SAUCE

고추와 향신료를 갈아 만든 튀니지 고유의 소스로, 매운맛이 특징입니다. 튀니지에서는 생선이나 고기요리 외에도 대부분의 요리에 곁들여 사용하기도 합니다.

조리재료

적파프리카 140g, 홍고추 100g, 방울토마토 100g, 마늘 40g, 엑스트라 버진 올리브 오일 20g, 소금 5g, 파프리카 파우더 5g, 칠리 시즈닝 4g, 레드페퍼 크러시드 4g, 커민 파우더 3g, 코리엔더 파우더 2g, 펜넬 파우더 2g, 후추 1g

조리도구

칼, 도마, 블렌더

조리과정

1. 파프리카와 홍고추는 씨를 제거하고, 마늘과 방울토마토는 갈기 좋게 2등분한다.

2. 블렌더에 모든 재료를 넣고 곱게 갈아 완성한다.

TIP

1. 더욱 매운맛을 내고 싶다면 파프리카 대신 매운 홍고추를 사용한다.
2-1. 걸쭉한 농도의 퓌레를 원할 때는 방울토마토 함량을 낮추고 파프리카 대신 홍고추를 사용한다.
2-2. 기호에 따라 레몬즙이나 식초를 첨가해도 좋다.

하리사 소스를 사용한 메뉴

이탈리안 닭가슴살 샌드위치 (108p 참조)
세 가지 타코 (116p 참조)
토종닭 로스트 홀치킨 (136p 참조)

치미추리 소스
CHIMICHURRI SAUCE

파슬리와 고수 등 여러 향신료와 마늘, 올리브 오일을 섞어 만든, 아르헨티나의 대표적인 소스입니다. 라틴아메리카의 다양한 국가에서 자주 사용합니다. 샌드위치, 스테이크 종류와 잘 어울리는 소스입니다.

조리재료

파프리카 200g, 양파 200g, 엑스트라 버진 올리브 오일 200g, 고수 100g, 파슬리 100g, 케이퍼 60g, 마늘 40g, 레몬즙 40g, 소금 10g, 후추 3g

조리도구

칼, 도마, 블렌더, 스퀴저

조리과정

1. 고수와 파슬리는 잎 부분만 따서 준비하고, 파프리카는 갈기 좋은 크기로 썰어 놓는다.

2. 레몬은 스퀴저로 즙을 내고, 양파와 마늘은 갈기 좋은 크기로 썬다.

3. 블렌더에 모든 재료를 넣고 갈아 완성한다.

치미추리 소스를 사용한 메뉴

아보카도 토스트 (100p 참조)
연어 스테이크 샌드위치 (102p 참조)
토시살 스테이크 (130p 참조)
지리산 폭찹 로스팅 (132p 참조)
프라임 립 스테이크 (134p 참조)

비트케첩
BEET KETCHUP

비트와 각종 채소, 레드 와인 비네거를 사용하여 만든 케첩으로, 일반 토마토 케첩과 맛이 흡사합니다. 샌드위치에 곁들이는 고구마와도 잘 어울리며 일반 케첩처럼 다양한 용도로 활용할 수 있습니다.

비트케첩을 사용한 메뉴

비건 그릴치즈 샌드위치 (98p 참조)
아보카도 토스트 (100p 참조)
연어 스테이크 샌드위치 (102p 참조)
치킨 핫도그 (104p 참조)
슈림프 반미 샌드위치 (106 참조)
이탈리안 닭가슴살 샌드위치 (108p 참조)

조리재료

베지터블 오일: 카놀라유 300g, 양파 50g, 당근 50g, 셀러리 50g, 마늘 15g
비트케첩: 적비트 1kg, 레드 와인 비네거 500g, 적양파 300g, 아가베 시럽 250g, 당근 160g, 셀러리 75g, 베지터블 오일 50g, 홍고추 30g, 마늘 10g, 소금 5g, 파프리카 시즈닝 4g

조리도구

칼, 도마, 냄비, 내열주걱, 블렌더, 고운 체

조리과정

1. 베지터블 오일에 들어가는 당근, 양파, 셀러리, 마늘을 슬라이스해 놓는다.

2. 비트케첩에 들어가는 적양파, 당근, 셀러리, 마늘, 홍고추를 곱게 다지고, 적비트는 슬라이스해 놓는다.

3. 냄비에 1번의 베지터블 오일 재료를 모두 넣고 약불에 30분간 끓인 뒤 고운 체에 걸러 50g을 계량한다.

4. 냄비에 3번의 완성된 베지터블 오일을 두른 뒤 2번의 손질한 재료를 넣고 익을 때까지 충분히 볶는다.

5. 파프리카 시즈닝, 소금, 레드와인 비네거, 아가베 시럽을 넣고 끓인다. 비트가 적당히 불면 가위 등으로 잘게 자른다.

6. 5번이 되직해지면 블렌더에 넣고 곱게 간다.

7. 고운 체에 내려 완성한다.

TIP

6. 식감이 좋지 않을 수 있으므로 블렌더로 갈 때 입자가 생기지 않도록 주의한다.

타코살사

TACO SALSA

멕시칸 요리에 다양하게 사용되는 소스입니다. 은은한 고수 향과 상큼한 맛이 특징으로, 타코, 부리토, 케사디야 등과 곁들이기 좋습니다.

조리재료

찰토마토 650g (4개), 적양파 250g, 백오이 110g, 적파프리카 90g, 고수 30g, 레몬즙 30g, 할라피뇨 30g, 마늘 30g, 엑스트라 버진 올리브 오일 30g, 소금, 후추

조리도구

칼, 도마, 볼, 스퀴저, 랩

조리과정

1. 찰토마토와 적양파, 백오이는 0.5cm 두께로 다이스해 놓는다.

2. 파프리카는 다이스하고, 고수와 할라피뇨, 마늘은 곱게 다진다. 레몬은 스퀴저로 즙을 내어 놓는다.

3. 볼에 모든 재료를 넣고 섞는다.

4. 소금, 후추로 취향에 맞게 시즈닝한다.

5. 랩을 씌워 냉장고에 하루 정도 숙성하여 사용한다.

TIP

5. 채소에서 수분이 나와 농도가 묽어지고, 염도와 신선도가 좋지 않으므로 만든 후 3일 이내에 먹는 것이 좋다.

타코살사를 사용한 메뉴

세 가지 타코 (116p 참조)

타코 비프

BEEF TACOS

다진 고기와 잘게 썬 양파, 향신료를 사용하여 만드는 타코 비프입니다. 타코 비프 멕시칸 볶음밥과 타코를 비롯해 부리토, 케사디야, 샐러드 등에 다양하게 활용할 수 있습니다.

조리재료

다진 소고기 1kg, 멕시칸 살사 소스 100g, 양파 25g, 소금 5g, 파프리카 파우더 4g, 커민 파우더 4g, 코리엔더 파우더 2g, 칠리 시즈닝 2g, 후추 2g

조리도구

칼, 도마, 볼, 프라이팬, 내열주걱, 랩

조리과정

1. 양파는 다진다.

2. 볼에 모든 재료를 넣고 섞는다.

3. 랩으로 감싸 냉장고에 하루 정도 숙성한다.

4. 가열한 프라이팬에 3번을 넣고 내열주걱으로 골고루 잘 익혀 완성한다.

TIP

3. 숙성하지 않고 바로 사용할 경우 시즈닝을 취향에 맞게 조절한다.

타코 비프를 사용한 메뉴

타코 비프 멕시칸 볶음밥 (86p 참조)
세 가지 타코 (116p 참조)

팔레오 스테이크 소스
PALEO STEAK SAUCE

글루텐을 사용하지 않고 만들어 건강을 고려한 팔레오 스테이크 소스입니다. 스테이크 외에도 타코 비프 멕시칸 볶음밥처럼 고기를 사용한 메뉴에 다양하게 활용할 수 있습니다.

조리재료

케첩 70g, 양파 70g, 머스터드 60g, 발사믹 와인 비네거 55g, 우스터 소스(불독) 50g, 건포도 50g, 오렌지 50g, 아가베 시럽 30g, 엑스트라 버진 올리브 오일 15g, 마늘 15g, 셀러리씨드 3g, 후추 1g, 소금 0.5g, 케이엔페퍼 0.5g

조리도구

칼, 도마, 냄비, 내열주걱, 고운 체, 스퀴저

조리과정

1. 마늘은 곱게 다지고 양파는 슬라이스한다. 오렌지는 스퀴저로 즙을 내어 놓는다.

2. 엑스트라 버진 올리브 오일을 두른 냄비에 다진 마늘과 슬라이스한 양파를 볶는다.

3. 모든 재료를 넣고 적당한 농도가 될 때까지 20분간 끓인다.

4. 고운 체에 내려 완성한다.

팔레오 스테이크 소스를 사용한 메뉴

타코 비프 멕시칸 볶음밥 (86p 참조)
뉴욕 스트립 스테이크 (122p 참조)
지리산 폭찹 로스팅 (132p 참조)
프라임 립 스테이크 (134p 참조)

오렌지 딜소스

ORANGE DILL SAUCE

갓 짜낸 오렌지 과즙에 곱게 다진 딜과 디종 머스터드 등을 섞어 만드는 상큼한 소스입니다. 생선 스테이크, 카르파치오 등의 요리에 곁들이기 좋습니다.

조리재료

오렌지 80g, 디종 머스터드 40g, 아가베 시럽 40g, 엑스트라 버진 올리브 오일 40g, 소금 1g, 후추 1g

조리도구

칼, 도마, 볼, 거품기, 스퀴저

조리과정

1. 오렌지는 스퀴저로 즙을 내고, 딜은 곱게 다진다.

2. 볼에 모든 재료를 넣고 잘 섞어 완성한다.

TIP

1. 신맛을 원한다면 레몬즙을 추가하거나 오렌지즙 대신 레몬즙을 사용한다.

오렌지 딜소스를 사용한 메뉴

연어 스테이크 (128p 참조)

스파이스 럽

SPICE RUB

매운맛을 내는 칠리 시즈닝과 케이엔페퍼 등의 향신료를 혼합하여 만드는 양념입니다. 스테이크를 시즈닝하거나 생선구이, 새우구이 등에 다양하게 활용할 수 있습니다.

조리재료

설탕 175g, 파프리카 파우더 50g, 소금 20g, 칠리 시즈닝 18g, 마늘 가루 16g, 후추 16g, 케이엔페퍼 4g

조리도구

볼, 거품기

조리과정

1. 볼에 모든 재료를 넣고 뭉치지 않게 잘 섞어 완성한다.

스파이스 럽을 사용한 메뉴

비스크 슈림프 볶음밥 (82p 참조)
슈림프 반미 샌드위치 (106p 참조)
세 가지 타코 (116p 참조)
프라임 립 스테이크 (134p 참조)
흑식초 럽 드레싱 (184p 참조)

레드커리 소스
RED CURRY SAUCE

글루텐과 버터를 배제한 타이식 레드커리 소스입니다. 닭다리살 치킨 커리 라이스에 활용되며 단백질을 보충하는 프로틴 커리 닭다리살을 만들 때에도 사용합니다. 스테이크나 볶음밥과도 잘 어울립니다.

조리재료

코코넛 밀크 400g, 레드커리 페이스트 50g, 마늘 48g, 아가베 시럽 30g, 레몬 30g, 엑스트라 버진 올리브 오일 15g, 피시 소스 4g, 고춧가루 4g

조리도구

칼, 도마, 냄비, 내열주걱, 스퀴저

조리과정

1. 마늘은 곱게 다지고, 레몬은 스퀴저로 즙을 내어 놓는다.

2. 엑스트라 버진 올리브 오일을 두른 냄비에 마늘을 넣고 볶는다.

3. 마늘이 충분히 익으면 레드커리 페이스트를 넣는다. 페이스트 색이 탁해지면서 커리 향이 올라올 때까지 볶는다.

4. 나머지 모든 재료를 넣고 끓인다.

5. 끓어 오르면 중불에 20분간 끓이다가 불을 끄고 식힌다.

레드커리 소스를 사용한 메뉴

닭다리살 치킨 커리 라이스 (90p 참조)
닭가슴살 스테이크 (124p 참조)
커리 닭다리살 (157p 참조)

스테이크 타레소스

STEAK TARE SAUCE

간장에 정종, 배 등을 섞어 만든 일본식 스테이크 소스입니다. 채끝 스테이크 덮밥 등 각종 고기구이 요리에 사용하기 좋습니다.

조리재료

사탕수수당 410g, 간장 320g, 배 120g, 마늘 120g, 참기름 90g, 정종 63g

조리도구

칼, 도마, 블렌더, 냄비, 내열주걱

조리과정

1. 배와 마늘은 갈기 좋은 크기로 썬다.

2. 블렌더에 모든 재료를 넣고 곱게 간다.

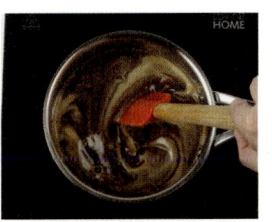

3. 냄비에 2번을 넣고 중불에 내열주걱으로 저어가며 끓인다.

4. 끓어 오르면 불을 끄고 식힌다.

스테이크 타레소스를 사용한 메뉴

채끝 스테이크 덮밥 (94p 참조)

후무스 트리오

HUMMUS TRIO

병아리콩, 고구마, 흰 강낭콩을 사용하여 만드는 세 가지 종류의 후무스입니다. 피타브레드와 바게트 등에 잘 어울리며 수란과 후무스 샐러드와 세 가지 후무스, 비건 시저 드레싱에도 활용됩니다.

조리재료

칙피 후무스: 병아리콩 200g, 물 80g, 타히니 50g, 레몬즙 35g, 엑스트라 버진 올리브 오일 10g, 마늘 5g, 소금 3g, 커민 파우더 2g
고구마 후무스: 구운 고구마 200g, 타히니 50g, 물 25g, 레몬즙 5g, 마늘 3g, 커민 파우더 1g, 소금 1g
흰 강낭콩 후무스: 흰 강낭콩 200g, 타히니 50g, 물 30g, 레몬즙 10g, 마늘 5g, 소금 1g

조리도구

칼, 도마, 블렌더

조리과정

1. **칙피 후무스** 블렌더에 칙피 후무스 재료를 계량하여 넣고 곱게 갈아 완성한다.

2. **고구마 후무스** 블렌더에 고구마 후무스 재료를 계량하여 넣고 곱게 갈아 완성한다.

3. **흰 강낭콩 후무스** 블렌더에 흰 강낭콩 후무스 재료를 계량하여 넣고 곱게 갈아 완성한다.

TIP

1~3. 각 재료의 수분 함량에 따라 농도가 다를 수 있으므로, 물의 양은 적당히 조절하면서 갈아준다. 취향에 따라 염도를 조절한다.
2. 고구마는 수분 함량이 높으면 완성도가 떨어지므로 무르지 않은 것을 골라 오븐에 구워 사용한다.
3. 건조콩을 사용할 때는 미온수에 하루 정도 불려 사용한다.

후무스 트리오를 사용한 메뉴

수란과 후무스 샐러드 (60p 참조)
세 가지 후무스와 피타브레드 (118p 참조)
비건 시저 드레싱 (180p 참조)

로스팅 버터
BUTTER FOR ROAST

육류를 로스팅할 때 사용하는 버터입니다. 버터에 로즈마리와 타임 등의 허브를 섞어 만드는 것이 특징입니다. 고기의 풍미를 더욱 진하게 하고 부드러운 감칠맛을 냅니다. 지리산 폭찹 로스팅에 활용됩니다.

조리재료

버터 300g, 로즈마리 20g, 후추 10g, 타임 5g

조리도구

칼, 도마, 볼, 실리콘주걱, 지퍼백

조리과정

1. 버터는 미리 실온에 두어 포마드 상태로 유화시키고, 로즈마리와 타임은 잎만 따서 곱게 다진다. 후추는 거칠게 으깬다.

2. 볼에 모든 재료를 넣고 실리콘 주걱으로 골고루 잘 섞는다.

3. 지퍼백에 담아 넓게 펴서 냉장 보관한다.

TIP

2. 버터가 너무 묽으면 배합 도중 버터가 녹아 만드는 데 실패할 수 있으니 농도에 주의한다. 또한 손이 아닌 실리콘 주걱으로 섞어야 손의 온도에 의해 버터가 녹는 현상을 방지할 수 있다.
3. 완성된 로스팅 버터를 보관할 때는 얇게 펴서 보관해야 나중에 다시 사용하기 쉽다.

로스팅 버터를 사용한 메뉴

지리산 폭찹 로스팅 (132p 참조)

허브 빵가루

HERB CRUMB

치킨 로스팅에 사용하는 허브 빵가루로, 버터와 빵가루에 파슬리, 타임 등 허브를 섞어 만듭니다. 치킨을 로스팅할 때 가슴살과 껍질 사이에 채우는 스터핑으로 활용합니다.

조리재료

버터 80g, 빵가루 80g, 트러플 페이스트 5g, 소금 5g, 파슬리 1g, 타임 1g

조리도구

칼, 도마, 볼, 실리콘주걱, 지퍼백

조리과정

1. 버터는 미리 실온에 두어 포마드 상태로 유화시키고, 파슬리는 곱게 다진다. 타임은 잎만 따서 손질한다

2. 볼에 모든 재료를 넣고 실리콘 주걱으로 골고루 잘 섞는다.

3. 지퍼백에 담아 넓게 펴서 냉장 보관한다.

TIP

2. 버터가 너무 묽으면 배합 도중 버터가 녹아 만드는 데 실패할 수 있으니 농도에 주의한다. 또한 손이 아닌 실리콘 주걱으로 섞어야 손의 온도에 의해 버터가 녹는 현상을 방지할 수 있다.

3. 완성된 허브 빵가루를 보관할 때는 얇게 펴서 보관해야 나중에 다시 사용하기 쉽다.

허브 빵가루를 사용한 메뉴

토종닭 로스트 홀치킨
(136p 참조)

맛간장
SOY SAUCE

간장에 건표고버섯, 가쓰오부시 등을 섞어 만드는 일본식 맛간장입니다. 버섯과 닭가슴살 스파게티, 안초비 알리오올리오와 아보카도, 다시마 숙성 연어덮밥, 비스크 슈림프 볶음밥, 타코 비프 멕시칸 볶음밥, 알로하 참치 포케 라이스 등 다양한 요리에 활용됩니다.

조리재료

간장 650g, 미림 600g, 정종 300g, 양파 100g, 사탕수수당 50g, 대파 30g, 건표고버섯 30g, 가쓰오부시 24g

조리도구

칼, 도마, 냄비, 내열주걱, 고운 체

조리과정

1. 양파와 대파는 깍둑썰기한다.

2. 냄비에 가쓰오부시를 제외한 모든 재료를 넣고 약불에 끓인다.

3. 끓어 오르면 불을 끄고 가쓰오부시를 넣는다.

4. 가쓰오부시가 모두 우러나면 고운 체에 걸러 완성한다.

맛간장을 사용한 메뉴

버섯과 닭가슴살 스파게티 (70p 참조)
안초비 알리오올리오와 아보카도
 (74p 참조)
비스크 슈림프 볶음밥 (82p 참조)
알로하 참치 포케 라이스 (84p 참조)

타코 비프 멕시칸 볶음밥 (86p 참조)
다시마 숙성 연어덮밥 (88p 참조)
오야코동 (140p 참조)
시푸드 크림 우동 (172p 참조)

비빔밥 고추장

GOCHUJANG

고추장에 간장과 양파 등을 섞은 후 한 번 끓여 완성하는 비빔밥 고추장입니다. 소이 닭가슴살 수란 비빔밥에 비벼 먹는 양념장으로 활용됩니다.

조리재료

고추장 300g, 물 150g, 양파 100g, 사탕수수당 50g, 간장 50g, 파 30g, 마늘 30g

조리도구

칼, 도마, 냄비, 블렌더, 내열주걱

조리과정

1. 마늘, 파 양파는 갈기 좋은 크기로 썬다.

2. 블렌더에 모든 재료를 넣고 곱게 간다.

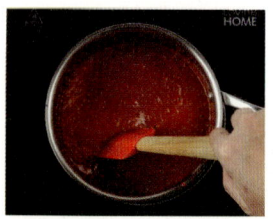

3. 냄비에 2번을 넣고 내열주걱으로 저어가며 끓인다.

4. 끓어 오르면 식힌 후 완성한다.

비빔밥 고추장을 사용한 메뉴

소이 닭가슴살 수란 비빔밥
(92p 참조)

비건 홀렌다이즈

VEGAN HOLLANDAISE

버터와 달걀 등을 사용하는 기존의 홀렌다이즈 소스를 비건 식재료를 사용해 비건 스타일로 바꾼 소스입니다. 에그베네딕트에 곁들이는 소스로 사용합니다.

조리재료

두부 400g, 카넬리니빈 240g, 레몬즙 10g, 터머릭파우더 0.3g

미리 준비할 재료　❶채소육수 30g (189p 참조)

조리도구

칼, 도마, 냄비, 블렌더

조리과정

1. 두부를 큐브 사이즈로 자른다.

2. 냄비에 두부와 카넬리니빈, 미리 만들어둔 ❶채소육수를 넣고 끓인다.

3. 터머릭파우더를 넣어 색을 내며 끓인다. 마지막에 레몬즙을 넣고 살짝 끓인다.

4. 블렌더에 3번을 넣고 곱게 갈아 완성한다.

비건 홀렌다이즈를 사용한 메뉴

비건 홀렌다이즈 에그베네딕트
(142p 참조)

비건 식재료
구매처

대표적인 비건 식재료 구매처

비건용 식재료를 구매할 수 있는 곳을 소개합니다.

채식주의자인 분은 책에 수록된 재료를 비건용 식재료로 대체하면

'채식주의자를 위한 클린 이팅'을 즐길 수 있습니다.

· 베지푸드 http://vegefood.co.kr

· 베지박스 http://vegbox.kr

· 하이스트리트마켓

　- 웹사이트 https://www.highstreet.co.kr

　- 오프라인 매장 : 서울 용산구 한남동 737-24 2층

대표적인 비건 치즈 브랜드

100% 순 식물성 비건 치즈를 선보이는 브랜드로, 체다치즈, 모차렐라치즈, 스모크

치즈 등 다양한 종류의 비건 치즈를 만날 수 있습니다.

· 바이오라이프 (Vio life)

· 쉬즈 (Sheese)

식단 구성 방법

필수 5대 영양소를 포함한 건강 식단

탄수화물	단백질	지방	무기질/비타민
현미밥	닭가슴살	동물성 지방은 배제	
잡곡밥	지방이 적은 소고기	아보카도	
호밀/통밀빵	지방이 적은 돼지고기	올리브오일	
고구마	연어	코코넛 오일	
오트밀	새우	아몬드	각종 채소
통밀면	각종 생선	호두	
현미면	달걀	캐슈넛	
메밀국수	두부	피스타치오	

일일 적정 단백질 섭취량

운동하는 남성의 경우 1kg당 2g의 단백질을 필요로 한다. 운동을 하지 않는 경우라면 1g이 적당하다. 이에 따르면 운동하는 70kg 남성의 일일 적정 단백질 섭취량은 140g이지만, 26페이지 표에 나와 있는 식품의 단백질 포함 비율을 환산해서 계산하면 약 600g의 지방이 적은 육류 및 해산물을 섭취할 것을 권장한다. 운동을 하지 않는다면 절반 정도만 섭취할 것을 권장한다.

운동하는 여성의 경우 1kg당 1g의 단백질을 필요로 한다. 운동을 하지 않는 경우라면 0.5g이 적당하다. 이에 따르면 운동하는 50kg 여성의 일일 적정 단백질 섭취량은

50g이지만, 26페이지 표에 나와 있는 식품의 단백질 포함 비율을 환산해서 계산하면 약 200g의 지방이 적은 육류 및 해산물을 섭취할 것을 권장한다. 운동을 하지 않는다면 절반 정도만 섭취할 것을 권장한다.

〈윤태식 트레이너에게 받은 식단〉

식사횟수	시간	내용	식사종류	기타
	06:00	기상	물 200ml 한 잔	종합 비타민 섭취
1	07:00	식사	현미밥 150g, 닭가슴살 200g, 기름 뺀 참치 한 캔, 각종 채소(브로콜리, 양배추, 파프리카) 염분 포함된 반찬류	아몬드 5알 섭취
2	10:00	식사	고구마 100g, 달걀흰자 5개, 각종 채소(염분 포함)	아몬드 5알 섭취
3	13:00	식사	현미밥 150g, 닭가슴살 200g 또는 '투뿔등심'의 안심 150g, 각종 채소(브로콜리, 양배추, 파프리카) 염분 포함된 반찬류	아몬드 5알 섭취
	15:30	운동 전	바나나 2개, 프로틴 한 잔, 체지방연소제	
	17:00	유산소 운동	1시간 열심히	운동 중 물 많이 (수분 보충)
4	18:30	운동 후 식사	고구마 150g 혹은 현미밥 150g, '오스테리아꼬또'의 닭고기 150g 또는 '투뿔등심'의 안심 150g, 각종 채소(브로콜리, 파프리카, 양배추 등)	
5	21:30	식사	달걀흰자 2개, 방울토마토 15알	
		취침	제 꿈 꾸세요~	수면 충분히

메모

◆ 닭가슴살은 소고기, 돼지고기, 연어, 참치 등 양질의 단백질로 대체할 수 있습니다.
　- 단, 지방이 없는 부위를 선택하시고 양은 닭가슴살의 양과 동일하게 드시면 됩니다.
◆ 탄수화물은 흰쌀보다는 현미, 흡수속도가 느린 복합 탄수화물을 선택하세요. (오트밀, 호밀빵, 고구마, 현미밥)
◆ 채소는 칼로리가 높지 않으니 배부르게 많이 드셔도 됩니다. (브로콜리, 양배추, 파프리카, 아스파라거스 등)
◆ 운동 전, 후로는 탄수화물이 필수입니다.
◆ 물은 의식적으로 많이 드세요.
◆ 기름진 것, 드레싱(오일), 튀김, 정크 푸드, 불량식품, 밀가루는 자제할 것

왼쪽의 식단표를 참고하여 다양하게 식단을 구성할 수 있다. 단백질류에 지방이 포함되어 있으므로 지방은 별도로 섭취하지 않아도 되며, 단백질 섭취량은 몸무게에 맞게 환산한다.

〈식단표 예시〉

아침	점심	저녁
현미밥 100~150g 닭가슴살 각종 저염 나물 반찬	잡곡밥 100~150g 생선구이 각종 채소	고구마 100g 소고기 각종 채소

209페이지 표에 나오는 단백질원을 다양하게 요리하여 즐겨도 좋지만, GI 지수가 높은 당은 철저히 배제하도록 한다. 설탕 대신 스테비아 등 대체 감미료를 사용하는 편을 권장하며 아가베 시럽 등도 좋은 대안이다.

저자 소개

현 정

SG다인힐 총괄 셰프 및 R&D센터장. 17년간 이탈리안 퀴진 외길을 걸어가고 있다. 요리가 너무 좋아서 처음 요리에 입문했으며, 엄격한 도제 시스템 속에서 요리와 맛에 대한 철학을 치열하게 배워왔다. 2008년 SG다인힐에 입사해 블루밍가든을 비롯해 부띠끄블루밍, 봉고, 패티패티, 붓처스컷, 투뿔등심, 오스테리아꼬또, 로스옥, 그리고 최근에는 클린 이팅 전문점 썬더버드와 붓처리서울 등의 브랜드를 론칭했다. 왕성한 아이디어와 요리 열정을 바탕으로, SG다인힐의 박영식 대표와 함께 국내 외식업계에 새로운 바람을 불러왔다.

2010년 4월, SG다인힐의 총괄 수석 셰프이자 R&D센터장으로 자리매김했다. 총괄 셰프로서 각 브랜드의 특색에 맞는 새로운 메뉴를 개발함은 물론, 맛과 서비스 등 퀄리티 전반에 대한 책임을 지고 있다.

박영식

SG다인힐 대표. 2004년 뉴욕대학교 호텔경영학과를 졸업했으며, 2007년 4월 외식기업 SG다인힐을 출범시켰다. 퓨어멜랑쥬, 메자닌 등을 거쳐 컨템퍼러리 이탈리안 레스토랑인 블루밍가든, 부띠끄블루밍 등을 론칭해 큰 주목을 받았다. 이 외에도 오랜 동반자인 현 정 셰프와 함께 붓처스컷, 투뿔등심, 오스테리아꼬또, 로스옥, 썬더버드 등 독특하면서도 새로운 콘셉트의 브랜드를 성공적으로 이끌고 있다.

2007. 04	(주)SG다인힐 출범	2014. 03	핏제리아 꼬또 그랑서울점 오픈
2007. 04	퓨어멜랑쥬 론칭	2014. 04	오스테리아 꼬또 그랑서울점 오픈
2007. 05	메자닌 론칭	2015. 05	비스떼까 꼬또 그랑서울점 론칭
2008. 05	블루밍가든 압구정점 론칭	2015. 10	메이징에이 광화문점 론칭
2008. 09	부띠끄블루밍 론칭	2015. 11	로스옥 양재점 론칭
2009. 04	봉고 론칭	2016. 06	로스옥 청담점 오픈
2010. 05	패티패티 가로수길점 론칭	2017. 07	썬더버드 청담점 론칭
	테스트키친 (R&D센터) 오픈		붓처리서울 청담점 론칭
2011. 03	붓처스컷 이태원점 론칭	2017. 09	삼원가든 인도네시아
2012. 01	투뿔등심 논현점 론칭		자카르타 2호점 오픈
	붓처스컷 광화문점 오픈	2018. 03	삼원가든 뉴욕 오픈
2012. 09	꼬또 여의도 IFC몰 론칭	2018. 08	뽈싸롱 론칭
2013. 11	삼원가든 인도네시아		
	자카르타 론칭		

현 정 셰프의 클린 이팅

2018년 11월 13일 초판 1쇄 인쇄
2018년 11월 20일 초판 1쇄 발행

지은이: 현 정, 박영식
발행인 겸 편집인: 여민종 | 발행처: BR미디어

등록번호: 제2011-000074호 | 등록일: 2011년 3월 8일

BR미디어 주식회사 03142 서울 종로구 중학동 14 트윈트리빌딩 A동 16층

문의전화: 02 512 2146 | 팩스: 02 565 9652 | e-mail: webmaster@blueR.co.kr
website: http://www.blueR.co.kr

정가 18,000원

ISBN 978-89-93508-50-5 14590
      978-89-93508-31-4 (세트)

* 이 도서의 국립중앙도서관 출판예정도서목록(CIP)은 서지정보유통지원시스템 홈페이지
  (http://seoji.nl.go.kr)와 국가자료종합목록시스템(http://www.nl.go.kr/kolisnet)에서
  이용하실 수 있습니다. (CIP제어번호 : CIP2018035760)